# 中美洲一樂園

## ——貝里斯

朱陳春田　編著

BELIZE

新形象出版事業有限公司

作者簡介

作　　者：朱陳春田

經　　歷：

■ 大同公司包裝設計課長

■ 國立台北商專兼任講師

■ 私立中原大學商設系兼任講師

現　　任：

■ 經濟部中央標準局國家標準起草委員

■ 貝里斯威斯頓國際開發有限公司總經理

# 序

貝里斯這個國家，

十年前在國人的在印象中鮮為人知，

但十年後的今天，

確是國人樂於談論的焦點話題。

折開報紙，常可看到移民公司繽紛的廣告詞：

上帝遺忘的伊甸園－貝里斯，

更引起國內的矚目，筆者到貝里斯發展已有五年的時光，

許多親朋好友常會問我，

見里斯到底是怎樣的一個國家？

在國內十分缺乏這方面的資訊下，

因而激起我撰書介紹這個國家的念頭。

去歲五月，在好友楊鑄平夫婦的引薦下，

訪問中華會館的前任會長朱伯衡先生，

瞭解本世紀華人在貝國的奮鬥史，

進而開始蒐集資料，並著手進行貝里斯的介紹。

筆者不是學文的作者，純以對這個國家純樸和可愛的認知，

以其歷史、地理、經濟、政治、交通、教育、人、文和自然景觀為經，

輔以旅遊和趣聞為緯，作一整體介紹，

雖不能對整個國家一一詳盡的說明，

但可讓讀者略窺貝國的全貌。

使您對這個國家有深一層的認識，甚至喜愛它。

貝里斯是一塊處女地，位居中美洲中樞地位，

在中南美洲廣大的新興市場中，有其發展潛力及前瞻性，

加上國土充滿大自然之美，以及醉人的海島風光，

逐漸吸引外來的投資者和為數不少的觀光旅遊者，

來分享它的美和發展性，

個人祈望本書能帶給讀者一些參考的價值。

本書能夠出版特別感謝陳亞威先生、蔡良八先生、汪佳興先生提供許多寶貴的資料，

以及內人林芳杏女士不斷的給予精神鼓勵。

還有好友楊存廣先生帶我走訪「丹格利卡」和「拉馬奈」古蹟，

親自體驗貝里斯之美，而能順利完成此書。但因資料編寫費時，

付梓倉促，漏誤難免，尚祈讀者不吝賜教指正。又，

本書承蒙劉辛印先生介紹北星圖書公司陳偉賢董事長惠予出版，

特此致謝。

朱陳春田謹誌　1995、11

# 目　錄

# 中美洲─樂園…貝里斯

一個世外桃源的國度

世人稱它是上帝遺忘的伊甸園

我身歷其境

則陶醉其純樸、美麗和可愛

# 一、歷史的軌跡

貝里斯(Belize)在台灣兩千一佰萬人口中，約百分之五十以上，尚不知其名，或是天涯海角的哪一端？然而確有約兩萬伍仟國人持有該國之久居留權，俗稱的〝PR〞卡。這就是台灣人的陌生國度，又是近年來熱門的移民新貴，世人稱它為上帝遺忘的伊甸園。

在我讀書的年代，地理上標示的〝英屬宏都拉斯〞，就是今日聯合國第156會員國的貝里斯。于西元1981年9月21日正式脫離英國殖民地，宣佈獨立的自由民主國家。

貝里斯也有古老的歷史，遠在紀元初期，就有馬雅人在此建立馬雅帝國，並擁有高度的文明。在紀元300年至900年間，達到了頂點，此後為了某種史學家尚未知曉的原因，使得當地文明崩潰，許多居民遷移到別處居住，現在只留下無數古代的廢墟，供人憑弔。貝國歷史最早的歐洲居民記錄，是在十七世紀西元1638年發生船難的英國水手落居於此。以後又有以砍伐桃花心木和紅木為生的英國殖民來此定居。在往後的150年間，有一段多災多難的歷史，遭受來自鄰近西班牙的無數次的攻擊。直到十八世紀西元1798年末期，在英國海軍的援助下，於St George's Caye戰役中獲勝。此後，逐漸受英國殖民控制，歸屬於宏都拉斯統轄，並在西元1862年，被正式宣佈為英國的一個殖民地，稱〝英屬宏都拉斯〞，成為英國在中美洲最後一個殖民地。

英屬宏都拉斯于西元1964年1月實行自治，在西元1974年6月1日，將國家名稱正式改名〝貝里斯〞。並於西元1981年9月21日正式獨立，頒佈了一新的獨立憲法，實施責任內閣制，三權分立政體，〝參眾兩院式議會制度〞及〝兩黨政治制度〞。是一個〝主權在民〞的自由民主國家。

貝里斯國於西元1989年（民國78年）10月13日與我中華民國正式建交，也是西元1993年支持我國重返聯合國的中美洲七國聯眾國之一，歷經兩黨政權的轉移，對我外交前景應屬光明。

# 二、突發的移民夢

西元1990年1月20日，當我第一次踏上貝里斯國土，正是台灣農曆過年前夕。也是利用春節的假期與我的表第洪柏信夫婦踏上陌生的國度，探窺神秘的面紗。

步下美國大陸航空公司(Continental Airlines)的班機，映入眼簾的貝里斯國際機場，其設施有如國內澎湖機場的景象，直覺的反應認為國家大門，為何那麼落後？當我走出機場迎面而來的加勒比海熱風，有如台灣春夏交接的氣息，的確令人陶醉。再歷經一週的訪談、觀光，對貝國的風土人情、田園之美和山林之樂，留下良好深刻的印象。

在台灣富裕的生活和孕育成長的鄉土情，想變換不同的國度，重新再來，是我四十餘年來所不曾想過的問題。然而在偶然的機緣裡，跨越不同的洲際，且在我的心靈裡播下漣漪，讓我反覆思索，未來的歲月裡是否要在陌生的環境中，重新建立起後半輩的人生？！

我是一位不列入師範教育系統培育的兼任老師，以專業的知識與技術，在高職和大專院校兼任教職。我的理念認為個人讀書成長是靠自己的用功和努力，因此在國中的義務教育中，沒有像一般家長為子女遷戶口，尋找明星學校的學區，上好學校。但，我的兩位小孩就在我的理念下，成為犧牲品。按正規的學區分配，在住區的國中入學，沒有分配到前段班，在求學的過程中，受到校內不良學生的騷擾。我的大兒子憨厚耿直，常被同學勒索，也不敢告訴爸媽。我的二兒子在班上受到吸食安非他命同學的威嚇，不想在該校讀書，要求我替他轉換學校，令我十分苦惱。

我們夫妻倆從上班族，轉換為創業的夥伴。今面臨孩子學習環境的煩惱，為了小孩能擁有更寬廣的生成空間，在心路歷程中掙扎了半年之久，最後毅然犧牲事業和面對夫妻兩地相思痛苦，內人林芳杏女士帶著兩位孩子，千里迢迢踏上小留學生之旅，到達我留下良好印象的貝里斯，走上移民路。

今日，回顧五年來空中飛人的酸、甜、苦、辣，我沒有忘記台灣的根，又能在新的國度裡扎根，發展新的投資事業，想一想當初的抉擇，則義無反顧！

●貝里斯國際機場的外貌景觀

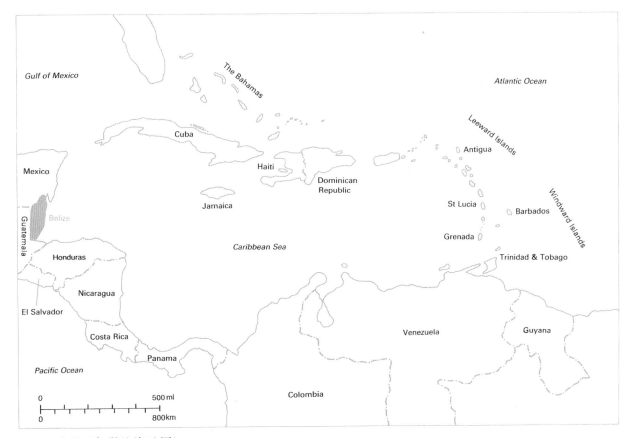

●地理位置〈加勒比海地區〉

# 三、自然美的地理環境

貝里斯位於中美洲加勒比沿岸的尤卡坦(YUCATAN)半島南部，東濱加勒比海，西北部與墨西哥為鄰，西部和南部與瓜地馬拉交界，毗鄰美國，距邁阿密約850海浬，紐奧良900海浬。東部靠岸近海的淺水區，乃由一列世界第二大珊瑚礁石圍繞，沿海散佈的小島，當地人稱呼為〝Cayes〞。島嶼和蔚藍的海天，構成極美的熱帶風光。沿海岸的內陸地區有低地平原，大部份為紅樹林沼澤所覆蓋，愈向內陸延伸，陸地愈形升高，至馬亞山群及〝Cockscombs〞形成貝國南部的脊幹，其最高是維多利亞山峰，高1122公尺，有如躺在地平線上的睡美人。西部〝卡優〞(Cayo)地區，包括Pineridge山，其分佈由海平面305公尺至914公尺的松脊丘陵地。北部地區，則是相當廣闊的平原。貝里斯內有不少河流，可航行淺水位之船隻，其中著名的貝里斯河(The Belize River)橫跨東西部國境，是運送砍伐林木的主要河道。其它，新河(The New River)是從中北部山丘往北流〝科羅札爾〞灣(Corozal)，靠〝桂道市〞(Orange Walk)地段，是乘舟旅遊的好去處。The Sibun River是從中部山區往東流入加勒比海。The Monkey River是從南部山區往東流入加勒比海。The Sarstoon River是貝國南彊之屏障，與瓜地馬拉為國界。北彊則以Rio Hondo河，與墨西哥為界。貝里斯的大部份陸地，均覆蓋了濃密的森林，木材成為貝國經濟的主要來源，尤其桃花心木響譽於國際。

貝里斯的陸地和島嶼的總面積是22963平方公里，領土南北長280公里，東西寬109公里，為台灣面積的三分之二大。但該國土百分之七十是平原和丘陵地，其可使用面積應超越台灣的有效使用土地。

貝里斯屬副熱帶氣候，並有貿易風調和。其緯度與菲律賓相近，氣溫由沿岸地區15°C到內陸地區的35.6°C，年平均溫度約為27°C。該國夏季氣溫雖高達35.6°C，然卻有貿易風的調和，讓人不覺十分炎熱，尤其每日清晨或午後4時起，海風徐徐吹來，在岸邊散步，的確醉人心胸。

雨量每年不同，平均北部都在1295公釐左右，南部約在4445公釐。乾季由一月延伸到五月，八月份偶而也會有乾旱現象。筆者居住的地區是北部的科羅札爾市(Corzal Town)，雨水是當地人重要的飲用水，稱之為〝天水〞。家家戶戶建有戶外儲水槽，在雨季來臨時，蓄滿儲存，作為日常家用飲水。筆者曾將〝天水〞帶回台灣請專家化驗，其水質較台灣的自來水為佳，難怪當地人，不經煮沸就地飲用也不生病。反而當地自來水帶石灰質，一般作為洗濯用水。從〝天水〞事例，可見證明貝國不受污染的自然環境，是目前我國人民無法享受的天然資源。

● 地理位置圖

# 四、史上著名的馬雅文化

貝里斯是古代馬雅文化的中心地帶，該文化曾延伸到整個墨西哥、瓜地馬拉、薩爾瓦多和宏都拉斯。從西元前2500年到最近記載於19世紀"拉瑪奈"（Lamanai）文獻上的活動看來，跟過整個馬雅紀元，考古學家哈蒙德（Narman Hammoud）於貝里斯北部"庫埃洛"（Cuello）的發掘，顯示該地是最早為人所定居之處。考古學家認為貝里斯境內的600處遺址是整個馬雅世界中廢墟和洞穴居所的最高集中地。

在馬雅帝國全盛時期，貝里斯居住著約一百萬人口。農業已被適度的開發，各城市之間也有延續的通商道路相互連擊。馬雅民族是一個高度文明的種族，他們是天文學家，發現了太陽、月亮和其他行星的運行，因而建立了一套比現行年曆更精準的曆法。他們也是數學家，創造出"零"的數字，故能從事浩繁的計算。他們使用850個不同字彙，至今尚未完全被世人所破解。他們信奉傳統的多神教，一直到十六世紀西班牙人入侵後，經過一連串暴力禁止及摧毀宗教的結果，今日的馬雅人接受了西方的基督教信仰，但是馬雅眾神仍深藏在每一個馬雅人的心靈深處，而未消失。在貝里斯您有機會可窺探這神祕文明古國曾有過的璀璨文化。

神祕的馬雅文化，從他們建立馬雅帝國的巔峰時期，在西元第十世紀左右突然崩潰衰敗，是天災？人禍？至今考古學家尚未能找出合理的答案。為讓讀者瞭解古馬雅的歷史，自文獻資料中摘錄一些考古學家的記錄，提供參考。

## ■馬雅人

古馬雅文明興盛於墨西哥南部、瓜地馬拉、貝里斯、薩爾瓦多及宏都拉斯等。這片區域之地形變化萬千，包括火山、灌木平原及熱帶雨林。馬雅文明持續了近2000年從西元前至十六世紀被西班牙人征服止。雖然其文明遭西班牙人摧毀，但許多馬雅人生存下來，現多居於"尤卡坦半島"（Yucatan）北部低地，以及瓜地馬拉南部與墨西哥"恰帕斯"（Chiapas）的高地上。

馬雅人在熱帶雨林區建造了不少著名而壯麗的建築，此年代為西元前300-800年間。此時期之馬雅人在藝術和智慧上達到了巔峰，其表現超越了其他中美洲先驅者與當代人的可觀成就。其高聳的金字塔型神殿，高度精準的曆法，天文觀察記錄，華麗的陶器以及複雜的名雕碑墓等，是其文明成就的佐證之一。

## ■古馬雅的歷史

馬雅歷史文化在悠長的數世紀中，產生許多趨勢，這些趨勢在古典馬雅文明達到巔峰。考古學家將之歸類為四個時期，敘述如下：

### 1.形成期／西元前2500-西元300

考古學家哈蒙德於貝里斯北部"庫埃洛"（Cuello）的發掘，顯示該地約在西元前3000年（可能早在西元前2500年左右）已建立馬雅人部落定居形態，出土遺跡指出此部落已有永久性房舍，且居民已栽培植物。庫埃洛的居民也製作及使用陶器。西元前2500-900年間，馬雅低地區的居民，已組成不少類似庫埃洛的小村落。

大約在西元前900年時，似乎有兩股移民潮湧入馬雅低地區，分別來自墨西哥西岸灣區低地，以及瓜地馬拉與薩爾瓦多的高地。移民在形成中期不斷增加，建立許多新聚地，擴大原有的舊居址。

在馬雅文明發展中，形成晚期是個重要的時期。西元前300年起，低地與高地區人口都不斷增加，期間的祭儀中心與大型工程計劃也相繼成長。多數古馬雅文明的象徵要素，如金字塔神殿、象形文字、華麗墓穴、鮮艷陶器及都市計劃等，都於此期結束前紛紛嶄露雛形。

## 2.古典期／西元300-800年

本期的500年間是馬雅文明最偉大成就的時期，尤其是純藝術。古典期文明的核心位於瓜地馬拉之低地—〝佩滕〞(Peten)，在此地發現無數的重要中心。這些核心地帶的遺址特徵，是位於大型金字塔底座上的典型神廟、多隔間的宮殿、紀念雕像、大型露天廣場、祭儀方形球場、突起的砌道以及各種大小的房舍等等。此外在〝帕倫克〞(Palenque)與〝蒂卡爾〞(Tikal)等地的挖掘，也呈有些金字塔之內與某些宮殿之下藏有精美的墓穴。

## 3.終結期／西元800-1000年

在西元800-900年這段極短的期間內，古典文明崩解了。紀念性建設都已停止，大部份遺址也遭廢棄，至這整片地區再也無法恢復昔日盛況。直到今日人口仍舊稀寥，除了〝蒂卡爾〞之類的古代遺址闢為國家公園，其餘幾乎全為雜草叢生的荒地。

文明崩解起因一直受到考古學界的爭議，無數的假設被提出，例如土地過度使用、地震、颱風、氣候變化、疾病、蟲害、農民暴動以及外族入侵等。其中沒有一項假設獲得完全滿意的證實。西元1970年起，學界歸結其崩解或是由於社會結構漸趨複雜、變大或階層化等系統性的強勢因素所造成。

隨著古典期文明的崩解及南部低地的人口銳減至數十萬以下，政經勢力使移轉至北部的〝尤卡坦半島〞區，屬北部低地。至於高地區的部落，或許由於部落之間的衝突增加，所以多由山谷盆地遷移至容易防禦的山頂上。

正當南部低地盛況不再時，北部低地反而興盛。主因之一是〝普騰人〞(Putun)自尤卡坦半島興起。此部落使用馬雅語，起源於墨西哥的〝塔瓦司哥〞灣區與〝坎佩切〞區，他們重視商業，強調以獨木舟為主的水路運輸，在當代缺乏交通工具的中美洲，確實比早先以挑夫為主的陸路運輸更有效率。普騰人連結了一個原料和市場的貿易網，擴展至宏都拉斯，沿尤卡坦半島至塔瓦司哥灣區，並深入墨西哥高地的部份地區。

800年後，尤卡坦半島北部逐漸興盛的主要聚居帶之一是普克山丘(Puuc Hills)。其他烏斯馬爾(Uxmal)、克爾白(Kabah)、薩伊爾(Sayil)與拉伯納(Labna)等城市，都在此時期到達巔峰狀態。他們研究發展出獨特的建築與陶器風格，與普騰族有些類似。

## 4.後古典期／西元1000-1520年

大約在西元1000年時期，尤卡坦半島上興起一股新勢力──〝奇琴伊察〞。雖然，此地在古典期一直是相當重要的中心，但直到西元1000-1250年間，隨普克各部落的興起，它變成北部低地區最優勢的居址。此新的優勢大部份是由於它在1000年被墨西哥中部的〝托爾特克人〞所征服。這次佔領後，它又迅速席捲了尤卡坦半島的北部地區。不過普克各部落與奇琴伊察的權勢範圍至今仍不清楚，或許有重疊之處。奇琴伊察的建築與藝術風格反映出〝托爾特克人〞與馬雅人的綜合性格。如大型金字塔神殿、戰士神殿及大型球場之類的建築都是此時期完成的。〝祭

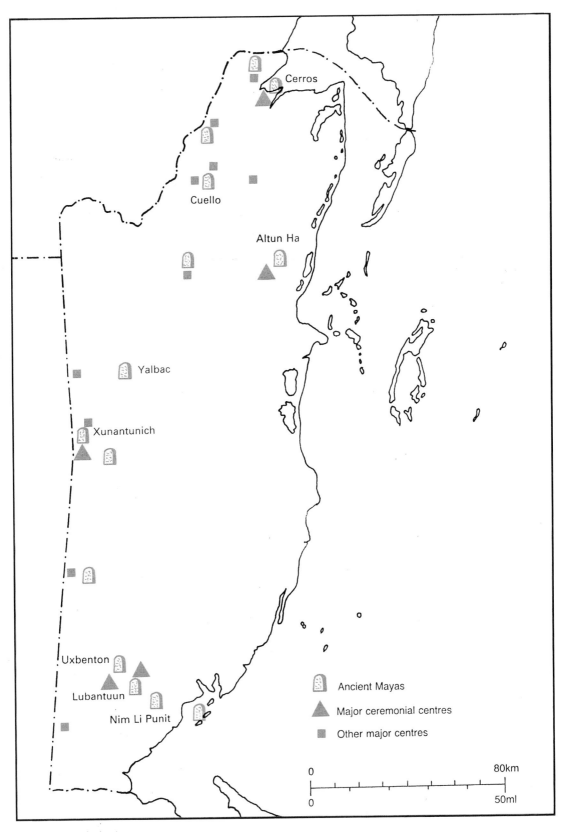

Cerros

Cuello

Altun Ha

Yalbac

Xunantunich

Uxbenton

Lubantuun

Nim Li Punit

Ancient Mayas

Major ceremonial centres

Other major centres

0                                    80km

0                                    50ml

● 馬雅古蹟分佈圖

11

祀洞穴"（或聖泉）也是登任宗教祭獻與活動的主要集會所。

托爾特克人的影響力遍佈整個馬雅世界，直到托爾特克的首都"杜拉"（Tula）於十三世紀被摧毀為止，此時托爾特克人的勢力銳減，而奇琴伊察也逐漸衰微。這時位於西邊的"馬雅潘"反而興起，成為低地區最後的強權。馬雅潘是一個約有12000居民的圍牆城市，此城與其他後古典期末期（西元1250-1520年）的遺址有緊密關係，諸如尤卡坦半島東岸的"圖盧姆"和附近的"科蘇梅爾島"。後者和馬雅城一樣，皆屬複雜長程貿易網一環，共同連結著整個半島和其他地區。

馬雅世界全陷入西班牙的侵略中。但，值得注意的是某些尤卡坦半島東部的馬雅人，從未被西班牙人徹底征服。他們組成了相當的武力，在十九世紀中期的卡斯特戰役，對尤卡坦半島族群和墨西哥人都造成威脅，直到二十世紀初期才臣服於墨西哥人。

一般而言，後古典期通常被視為低地區馬雅人衰微的象徵期。當然，古典期的巔峰藝術風格，此時都已消失。然而近期的調查顯示，後古典期已呈現了複雜的政經體系和大量生產的新技術等現象，這與原先假定的衰微背道而馳。但，看來較實際的說法，在此時期的昔日宗教菁英已喪失某些權力，而放由新興的商人菁英懷著不同的文化哲學所取代。

## ■古馬雅文化

古馬雅文化以藝術與思想等成就震驚世人，雖然只有這些成就獲得學界和一般大眾雙方的重視，但馬雅人在社會、政治與經濟組織等方面的才能，是不容忽視的。

### 1.藝術與建築

馬雅的藝術堪稱新世界最豐富的成就，其中含有極複雜的圖象及紋案，並應用各式各樣造型，如雕刻壁緣、廊柱外觀

及塗上灰泥的石砌屋頂，在某些建築的內牆還塗以彩色壁畫。許多古典期遺址裡發現數目不等而複雜難解的石碑。某些雕刻是在石板的單面或雙面刻出淺浮雕，在科潘與季里古阿（Quirigua）等遺址則雕在周緣。最常見的石碑上有一人或多人的全身像，穿著長袍形禮服，配戴頭飾、耳塞、項鍊、手鐲及各種裝飾，這些男女通常是統治皇族中的重要人物，其人像旁邊還附有象形文字的經文。

馬雅人也會在輕便物品上表現藝術才能，例如：陶器形狀繁多，並有種種裝飾技巧，其表面紋飾、塑像及圖繪等。古典期末期，低地區某些精美彩瓶上所繪的複雜影像，表現出精緻的細部以及純熟的技術。除此之外，低地區的馬雅人還擅長加工玉石及黑曜石。馬雅人還以燧石、骨角和貝殼，設計出藝術的精品，並能製造出精美無比的棉織品。

古馬雅建築在整個馬雅歷史中有著重大的變化，但也突顯某些特徵。第一特徵：馬雅人在平臺上的建築大小不一，從小型房舍到大型宮殿應有盡有。其最突出的特點是構成神殿底座的大型金字塔神殿。第二特徵：馬雅人通常會在舊建築的頂端，再蓋出新的建築。第三特徵：馬雅人通常會在大型露天廣場四周，圍以神殿、宮殿和堆積數層的衛城。第四特徵：馬雅建築的一個中心特質，是以承材支撐的拱門，使各房間既高又窄。這種特質到

●馬雅人對太陽神的崇拜表現在壁飾上

了後古典時期有些變化，此時出現了柱廊式宮殿。其後馬雅人在大半的歷史中皆以精確切割及修整的石塊來建築，石塊上塗以灰泥或繪有彩飾，或兩者皆有。同時也使用無數種色彩，來裝飾建築及廣場地板。

## 2.宗教與神話

馬雅多數遺址的中心都有裝飾繁複的建築和石碑，而這些與馬雅的宗教信仰有緊密關聯。事實上，馬雅人的生活裡，宗教信仰與世俗活動是密不可分。〝神祇〞主導著馬雅人生活的各個層面，而對〝神祇〞的崇拜則遍佈馬雅人生活的每個角落裡。

建築與石碑皆建造榮耀〝神祇〞，崇拜活動包括祇禱、燒香、肢體毀傷或偶爾以人獻祭。雖然，後古典期似乎逐漸增加個別零星的家族崇拜活動，但祭司們通常代表全體民眾舉行大部份的宗教活動。

馬雅人的宇宙觀和神話極為複雜，有無數的男神和女神，各有許多不同的造型和面貌，這些神祇多與自然界之要素日、月、雨等等有關。同時，馬雅的曆法與宗教信仰是不可分的，每一個時間單位都由某個神祇為代表。神祇也在所有神話裡參與創世、天體運作以及四季變化等活動。

## 3.思想成就

古代馬雅人特別以天文、數學、曆法、文字和文學方面的成就聞名於世。馬雅人創造以〔20〕這個數字為基礎的數理系統，懂得使用空格記號，並創出〔0〕這個數字，因而能從事浩繁的計算，有時甚至計算上百萬的概念。他們的數學能力又使其得以進行精確曆法系統所需的複雜計算，另外又創造出365天的曆法，比同時期的歐洲曆法更為準確。

馬雅人最傑出的成就是對月球與金星運作情形所作準確得驚人的觀察記錄，這些都是靠代代相傳的天文祭司來進行。馬

雅人也能夠準確預測出日蝕和月蝕，他們把某些建築依特定的星象座標排列成形，甚至還可能建有天文台。奇琴伊察的螺旋式階梯建築，今日貝里斯之〝卡拉口〞(Caracol)古蹟或許就有此種功能。

象形文字是馬雅人的另一項成就，馬雅人並非中美洲第一個使用文字的民族，因為早在西元前600年〝瓦哈卡〞(Oaxaca)已使用了象形字，但馬雅人所創造的文字系統，就哥倫布之前的新大陸而言是最複雜精美的。他們在石碑上雕刻銘文，在陶器與壁畫上繪出文字，並書寫成冊。不幸的是大多數書冊都在西班牙人入侵時遭受摧毀。只有三部重要典籍殘存，即今所稱的〝馬德里〞、〝巴黎〞和〝德勒斯登〞等三法典，其中包含了以樹皮紙做的折套和無價的天文資料。馬雅文學中有幾本代表性著作逃過了摧毀惡運，最著名的大概算是〝聖書〞(Popol Vuh)，是最完整的長篇歷史小說。

## 4.社會、經濟與政治組織

早在形成期，馬雅人就發展出至少兩種社會階段─祭司與當權者組成的菁英階級和鄉農階級。後者在田裡工作，以勞力與生產物供應菁英階級，農人們採擴展式家庭，各階級間存有可變動性。

到了形成期之末期，這種形態開始轉變，有越來越多的人拋棄全天候的農業專職，到都市中心擔任手工藝技匠、官員或商人，社會結構愈來愈階層化，而貿易在馬雅文明的發展中扮演了極重要的角色。

形成期和古典期間沒有任何一個城市，取得凌駕其他馬雅世界的集權性政治權威。到了後古典期，軍事武力漸增，商業團體在低地區出現且直接控制所需資源，因此政治愈趨集權化。

## ■現代馬雅人

雖然馬雅人的文明最後被西班牙人推毀，但馬雅文化的某些層面仍留下來。今日，約有200萬以上的馬雅人，仍使用近25

種主要馬雅語，現仍居住在瓜地馬拉與墨西哥南部的高地區以及尤卡坦半島的北部地區。現代馬雅文化，在許多方面都與哥倫布發現美洲之前不相同，但其中某些傳統與習俗仍保存著許多古風。

基本上西班牙人於征服馬雅地區後，大肆破壞馬雅文化中的精華部份。祭司們主導的象形文字、曆法、天文等知識，未能傳承給後代子孫，以致於馬雅文化迅速消失殆盡。同時馬雅族群間的長程貿易網也消逝了，導致散佈各地的城市間終止連繫。但是，馬雅人的語言和鄉農團體的特性仍保持不衰，這些共同生活團體保存了哥倫布之前，該時期馬雅文化的一些民間傳統與習俗，雖然這些傳統與習俗往往受過西班牙的影響。此外，馬雅人也吸收不少西班牙人引介的新習俗。

因為西班牙征服者曾引進不少致命的疾病，馬雅人雖然留存下來，但人數卻大量減少。馬雅文明約十六世紀時落幕，總計持續了近2000年之久。

# 五、遍地黃金的樂土

〝黃金〞是價值的代表，是美麗的飾品，更是珍貴的金屬。本文形容貝里斯為遍地黃金的樂土，其含意在而說明該國有豐富的資源，如同黃金寶藏，期待有心人去發掘、去開發、去經營。在不同背景的人們，可尋找出適合自己經營的資源，創造出自己的一番事業。

在個人的觀點中，其富饒的資源，有些是受制於政府的財力，尚不足去經營開發。例如大片的可耕地及木材區，至今沒有任何的道路，可作為開發的基礎條件。滿山遍野散佈500餘種的蘭花，若能以台灣人的養蘭技術，給予企業化的經營，可成為主要的輸出品。其銷售地可往美國加州是世界各地的蘭花集會場，一年到頭都有市場需求。隨時隨地成長的水果，如柑橘、芒果、木瓜……等培殖技術不佳，若能以〝台灣農業發展試驗所〞的技術，給予輔導和改良，其品質必能成為上品，增加出口競爭力。每當我踏入貝里斯的國土，就孕育一個夢：若台灣能移民一千戶農家到貝國，實地耕作，參與其農產品種植，以台灣人的勤奮和種植技術，必能大大提昇產能，振興其農業，兩者各蒙其利。

桃花心木、香柏木、西洋杉是貝國主要的輸出林產。尤其桃花心木是英國殖民時期所獵取的重要資源。歐、美、日等國人民非常喜愛桃花心木的質感，尤以家具製成品是其最愛。當地產製的家具，以筆者的觀察，其造型設計、加上技術，尚未符合現代人的需求，若能投入企業化的經營，輔以台灣的加工機械、設計技術以及製造技術，又將是一項創新的事業。

東濱加勒比海，豐富的漁產，頗具發展潛力。當地人不喜歡吃魚，尤其不吃無鱗魚類，故此，漁產加工，以外銷為主導的市場，應有其前瞻性。或是發展捕魚事業，也正值得一試的行業。還有蘊藏在176英哩長的堡礁壁中的海洋生物、珊瑚以及鐘乳石……等。是一項無限的寶藏，值得您

去研究與開發。目前我國政府的農技團，正協助蝦類養殖，幫助貝國發展新的外銷資源。

藝術品和工藝品是一國歷史文化的表徵，每位觀光客都會在旅遊地購買工藝品作為紀念，或當禮品送給親朋好友。黑檀木和紅木製成的工藝品質感佳，如帆船、人物造形、動物造型……等唯妙唯肖，充分表達貝國的風土人情，頗受觀光客的喜愛。另一項特產－－黑珊瑚飾品，更是女士們的最愛。筆者在國內從事設計工作，以設計師的觀點，貝國的工藝品，若能以藝術的角度融入設計的創意，加以精緻化，更能提昇其價值觀。以貝國每年超過四十萬人次的觀光客，只要有心人，以市場為導向給予企業化經營，也是一項不錯的投資行業。

馬雅古蹟，是馬雅文化的遺跡，如同金字塔代表古埃及的文明，萬里長城代表中國人的智慧。馬雅古蹟分佈貝里斯全國，其中〝卡拉口〞（Caracol）和〝查南突尼克〞（Xunantunich）兩大古蹟之建築最雄偉，最為著名，其史蹟可與金字塔和萬里長城媲美。古蹟大小等級大約可區分為部落型、皇室型、貴族型及一般家族等型式，其古蹟內遺留無數馬雅人的寶物，是今日貝里斯政府的最大寶庫。只是貝國政府尚無力去發掘，讓無數寶藏常埋地下。例如〝阿吞哈〞（Altun Ha）古蹟屬部落型，聞多年前請外國考古學家去挖掘，結果壯觀的馬雅太陽神〝奇尼哈〞（Kinich Ahan）的玉石頭像和一千多件玉器被盜運國外，促使貝國政府，下令全國古蹟暫緩挖掘，以維護該國的寶藏不再外流。

貝國北部的〝科羅札爾市〞（Corozal Town），亦散佈無數的小型古蹟，尚待挖掘出土，據當地居民言及常發現小件玉器或馬雅人數千年前使用過的陶器器皿，有一次在當地友人的陪伴下，一位七十歲的老人曾帶筆者到其居住山丘內的一個洞穴裡，指其一處暗道中，他已發現一尊半身的玉石，其價值不凡，曾請教他為何不加以開採時，他說年歲大了，又沒有子孫，孤家寡人一個，就讓它長留洞穴吧。據貝國政府的法令規定，馬雅古蹟屬於國家所有，若在私地中的小型古蹟挖掘寶物，可向政府登記，申請私人保存，但不得私自帶出國境，否則觸犯法令。

馬雅古蹟的寶藏，以筆者得自當地人的訊息，加以分析和估算，這些資源可使貝里斯登上富國之林。但，貝國的領導者，必需運用其智慧，去發掘和應用這些資源，將是貝里斯人民之福。

本文純屬筆者以個人身歷其境的觀點與想法，指引貝里斯富饒資源中的一小部份，僅供讀者判讀。或是有心踏上移民路的朋友，以個人的背景和興趣，可獲取更多自己的想法與看法，去探索一條您應該走的路。

●洞內有價值不凡的玉石

# 六、有中國人的影子

走在貝里斯的鄉村道路上，遠遠看去有一群中國人聚集，靠近相談時才發覺是馬雅人的混血，有中國人的臉譜、膚色及身材，其長像與台灣的原住民頗為神似。據傳馬雅人的一支系，有中國蒙古系的遺傳因子，繁衍子孫成為新的一代貝里斯人。又一說法，在100多年前殖民時期，貝國盛產甘蔗，當時黑奴勞工不足，引進中國勞工來此砍伐甘蔗，久而久之與當地人通婚，而繁衍出新一代的混血兒，世代相傳。今日科羅札爾市(Corozal Town)近郊，有一鄉村叫Chan Chen，老華僑稱之〝中國村〞，走此一遊，如同台灣山地部落的景象，給人面熟、親切的感覺。正如一位台灣觀光客在〝貝里斯遊記〞文中所述：「或許幾千年前，馬雅人是我們的同胞」。

●有中國人的臉譜與膚色

## ■人民及人口

大部份貝里斯人具有多種族血統，半數人口具有非洲或一部份非洲血統，人口的五分之一具有本地印地安人與歐洲人混血的血統（或稱拉丁人），另外的五分之一人口具有加勒比人或馬雅印地安人血緣（或稱東印度群島人）。新移民中有小部份的英人、美國人、德人、西班牙人、中國人、印度人以及阿拉伯人。因而演變出五種貝國文化－－馬雅文化、歐洲文化、加勒比海文化、歐裔及那地安人的混血文化和非洲裔文化。

貝里斯現有國內居住人口，依據西元1991年官方統計資料為190,792人，主要分佈在商業大都會區的貝里斯市及其他七大市鎮。在國外人口，另據非官方資料統計有十萬人以上散居墨西哥、宏都拉斯、美國、瓜地馬拉等鄰國。因本國工商業不發達，所以都到外地謀生。

## ■宗教信仰及語言

貝里斯約62%的人口是羅馬天主教徒，其他28%是基督教新教徒，另外一小部份是巴海大同教(Bahais)及其他宗教。

貝里斯的小學都附設在教會內，除了與政府共同經管教育制度外，各教會還提供多項社會家庭福利措施。

英語是貝里斯官方語言，亦為學校授課的主要語言。其次西班牙語也通行坊間，小學及中學教育也列入西班牙語為輔助課程。約51%人口說英語，32%人口說西班牙語，其他有三種馬雅語文及非洲裔英文等。

貝里斯無線電台約80%節目以英語廣播，其他為西班牙語。目前貝里斯已有一家國營電視台，其它為衛星轉播之有線電視，在貝里斯市約有60頻道，在科羅札爾市有22頻道，其它各城市各有其收視範圍。另外，美國聯合華語電視合，已轉播到貝里斯，居住於貝里斯市和科羅札爾市的華人有福收看到台灣的電視新聞，於每天上午晚上各播報一次。持有短波頻道收音機，也可收播台灣中廣的新聞節目，每天下午4時開始有2小時節目。

新聞媒體均以週報發行，主要的報紙有The Reparter、The Amandala、The Belize Times、 The Beacon以及The Voive等。政府資訊中心(The Government Information Service)出版一份免費月刊，名稱為新貝里斯(The New Belize)。

主要城鎮人口分佈情形如下：

| Town（市鎮） | Population（人口） |
|---|---|
| Belize City（貝里斯市） | 46,020 |
| Belmopan（貝爾墨潘） | 5,250 |
| Orange Walk（桔道市） | 10,500 |
| Corozal（科羅札爾市） | 8,500 |
| Dangriga（丹格利卡市） | 8,100 |
| San Ignacio／San Elena （山伊格拉希市） | 7,000 |
| Punta Gorda （彭達格爾達市） | 3,050 |
| Benque Viejo del Garmen （貝維迪卡門市） | 3,100 |

# 七、民主的行政體系

貝里斯於1981年9月21日完全獨立，受到世界上所有國家的承認，但瓜地馬拉仍對貝國保留領土要求。上屆藍黨執政時，已與瓜國簽定雙邊協定，雙方爭端已穩定平息。目前仍有一支英軍留守，保護貝里斯的國家安全是大英國協、聯合國及不結盟運動的會員國之一。

## ■憲法與政府

貝里斯政府實施國會制度和議會民主原則之運作，皆仿效英國，是一個民主自由的主權國家。總理及內閣組成了行政機構，20名被選出的眾議員組成眾議院，和8名被任命的參議員，形成一個兩院制的國會。

英國女皇，是貝國名義上的國家領袖。在貝里斯由一位總督代表女皇，此人必須是貝里斯人。

內閣由總理和15位部長組成，總理是在眾議院中獲得多數黨支持的人，經總督任命的參議員，有5位是經由總理同意，2位是經由反對黨領袖的同意，1位是經由貝里斯顧問會議的同意。眾議院的議長(Speaker)和參議院的議長(President)，是從兩院之議員中選出（為不擔任部長職務者）。

## ■選舉與政黨

大選至少每五年舉行一次，滿18歲以上具公民權的國民有投票權。總理有權建議總督解散國會，提前舉辦選舉。例如：西元1993年6月30日，人民聯合黨(PUP)於執政四年時，提前解散國會舉辦大選。不料為反對黨聯合民主黨(UDP)所敗，失去連續執政機會。

貝國政黨制度創始於西元1950年，為兩黨政體，一為今日執政的聯合民主黨，簡稱UDP，一為西元1993年成為在野黨的人民聯合黨，簡稱PUP。自西元1984年UDP自PUP領導30年的政權中獲勝，近11年來兩黨各輪次執政，未能破除連贏的局面，充分顯現我國李總統倡導的政黨政治

與主權在民的真諦。

## ■行政組織

貝里斯共有6個行政地區，分別是：科羅札爾省(Corozal)、桔道省(Orange Walk)、貝里斯省(Belize)、卡優省(Cayo)、史坦克瑞省(Stann Creek)及托勒多省(Toledo)等。除了貝斯地區外，每一地區都由一個地方選舉的7人市鎮委員會所管理，並推選一人為市鎮長，主持政務。貝里斯市則由9個被選席位的市議會所管理，鄉村地區行政之執行，則有鄉村會議的幫助。

## ■法律

貝里斯的法律，以英國立法制度為基礎，而參酌當地習性制定的法律。設置一個最高法院，和一個上訴法院。全國6個行政區各設置刑事法庭和民事法庭，兩者都由地方法官主持。另有一位公共起訴的指導者，一位首席法官及三位Puisne法官，其官職受法律保障。首席檢察官，是內閣的成員之一。

## ■人權

美國人權報告，給予貝里斯之評價是〝人權健康〞。人權在貝里斯一直很受尊重，這項報告是由美國國務院在國會指導下完成的。說明貝里斯憲法保障的基本權利和個人自由權，是由一個獨立的司法部和一個公平有效的審判制度所維護。這項已列入美國國會的報導，給予貝國有關其人民隱私權、尊嚴權和公民權之承認與尊重，而頒發人權健康證明書。

在貝里斯，人民享有言論與出版自由，反對黨及獨立的新聞媒體非常活躍，可不受限制地發表言論。並且擁有一選舉制度來保護政權與治權，婦女也享有同等權利。

根據〝Freedom House〞團體的歸類，貝里斯被列入〝自由級〞。在美洲地區，

貝斯里是最佳實行人權的國家之一，也是中南美洲唯一的英語系國家。前總理蒲萊士 (Mr. George Price) 所領導的政府，自從宣佈保護貝里斯人權的決心以來，便獲得了這項人權國家的殊榮。

● 貝里斯全國行政區分佈圖

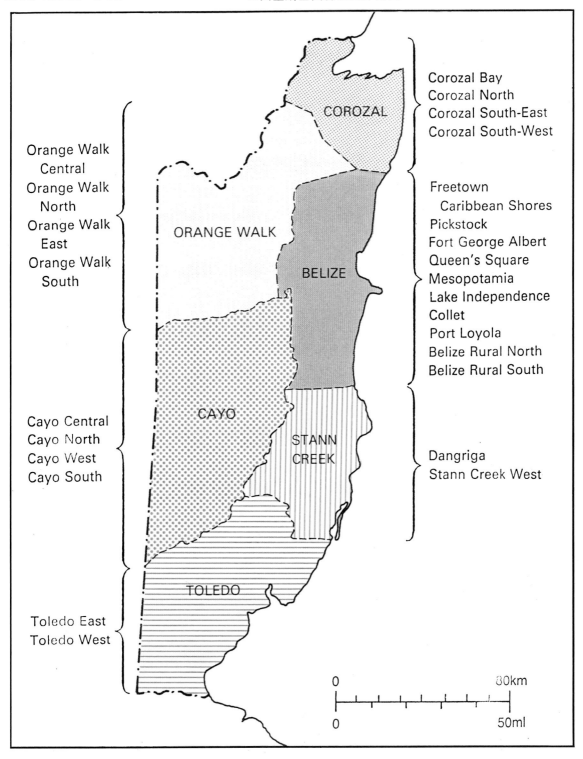

Orange Walk
Central
Orange Walk
North
Orange Walk
East
Orange Walk
South

CAYO
Central
Cayo North
Cayo West
Cayo South

Toledo East
Toledo West

COROZAL

Corozal Bay
Corozal North
Corozal South-East
Corozal South-West

ORANGE WALK

BELIZE

Freetown
  Caribbean Shores
Pickstock
Fort George Albert
Queen's Square
Mesopotamia
Lake Independence
Collet
Port Loyola
Belize Rural North
Belize Rural South

CAYO

STANN
CREEK

Dangriga
Stann Creek West

TOLEDO

0                    30km

0                    50ml

# 八、經濟發展與投資

貝里斯政府致力於該國工商業之發展，積極提供道路、海港、空運、給水、電力及通訊等設備，給予前往投資之國外業者有效的助益，以期帶動該國之經濟起飛。

## ■經濟

貝里斯的經濟是以農業和旅遊業為基石。農產品佔國內生產總值的30%強，佔外匯收入的70%，只糖類一項又佔農產品出口的三分之一。甘蔗的種植是該國農民主要的經濟來源之一。

美國CBI法案（加勒比盆地獎勵發展法案），已將重要的免稅市場擴展到一些工業品，特別是柑桔和其它一些食品加工，木材製品及輕工業品。因貝里斯主要貿易伙伴持續提供優惠的市場，促使成功的發展工業。

美國是貝國最大的貿易伙伴，西元1989年進口總額的54%來自美國，出口總額的44%銷往美國。因CBI優惠法案帶給貝國的投資顯著的增強，加上提供一個開放的投資環境，大多數的外國投資者，欣賞該國的發展特許，如免稅期，有固定設備可享有海關稅的減免等等。而美國的主要投資，分佈於旅遊、紡織、燃料銷售、農物、柑桔、冬季蔬菜、熱帶水果以及海產養殖等領域。

貝里斯的國家政策，是以公私營合作的混合經濟方式來促進各項開發與社會進步，政府不斷提供道路、海港、空運、給水、電力及通訊等便利措施給予前往投資者最有利的協助。

目前其經濟開發，以農牧業開始推廣，輔以輕工業的發展。貝里斯的國土8867平方英哩的總面積中有3123平方英哩的土地適於農業。現今僅15%約468平方英哩的農地已開發，其餘是一片待開發的處女地，因此欲前往該國開發農業方面之技術，非常可行。因為該國在生產蔬菜、青菜方面非常的缺乏。據一位在桔道市近郊經營農場，從事蔬菜種植的友人－－李博士告知，目前其蔬菜生產量供不應求，據其評估發展潛力無窮。他擁有200英畝的農地，計劃以企業化的經營方式，開拓其農業王國。貝國的主要農產品為蔗糖、香蕉、稻米、菜豆、玉米、柑桔及蜂蜜，這些也是該國之主要輸出品，其他方面的輸出產品，尚有魚類（以龍蝦和蝦類為主）、木材和成衣紡織品。

貝國海岸線長，擁有許多島嶼和珊瑚礁，資源豐富，適合開發為游泳、潛水、海釣等綜合觀光區或休閒遊樂區。例如渡假聖地－－珊貝多(San Pedro)，景色秀麗，其海洋國家公園，每年吸引無數觀光客，前往渡假與旅遊。

國際上許多政府和國際開發公司，經由經濟合作計劃方式，加入協助貝里斯政府開發工作之行列。其中包括英國政府、加拿大國際商會(CIDA)、美國國際開發商會(USAID)、CARE、聯合國商會、歐洲開發基金會(EDF)以及加勒比海開發銀行等機構。

貝里斯有數家石油公司，持有探測及採掘的執照。西元1981年在北部地區發現石油，但未達可生產數量。政府實施減免稅收及其他各項獎勵方案，鼓勵製造業之開發與求變。其中包括外銷之成衣與紡織、三合板、裝飾用薄板、火柴、啤酒、甜酒、飲料、家具、鞋業生產、造船及電池裝配等。另外，飼料廠、麵粉廠和肥料廠也開始營運中。

依據貝里斯官方統計，西元1988年平均每人國民生產毛額美金1204元，至西元1990年提高為1436元。來自最新資料，西元1993年已躍升到2500美元。

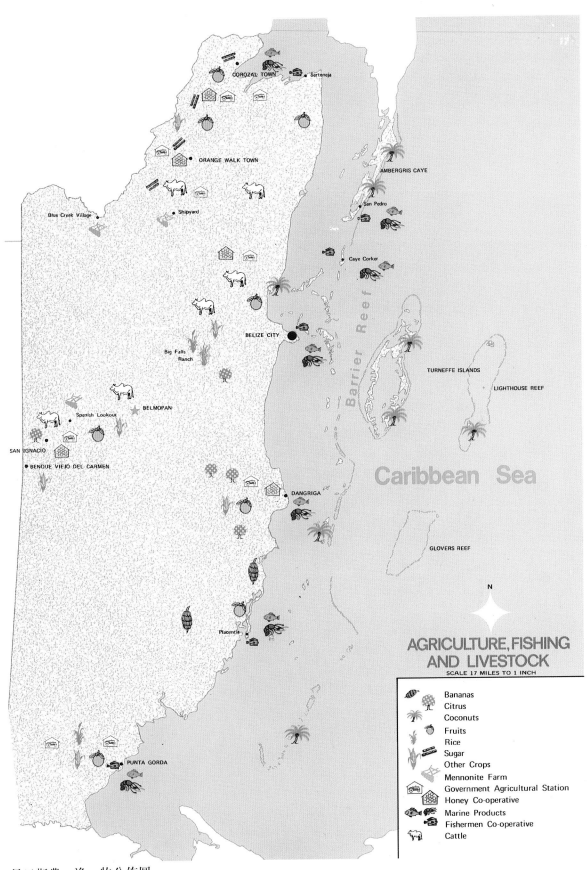

●貝里斯農、漁、牧分佈圖

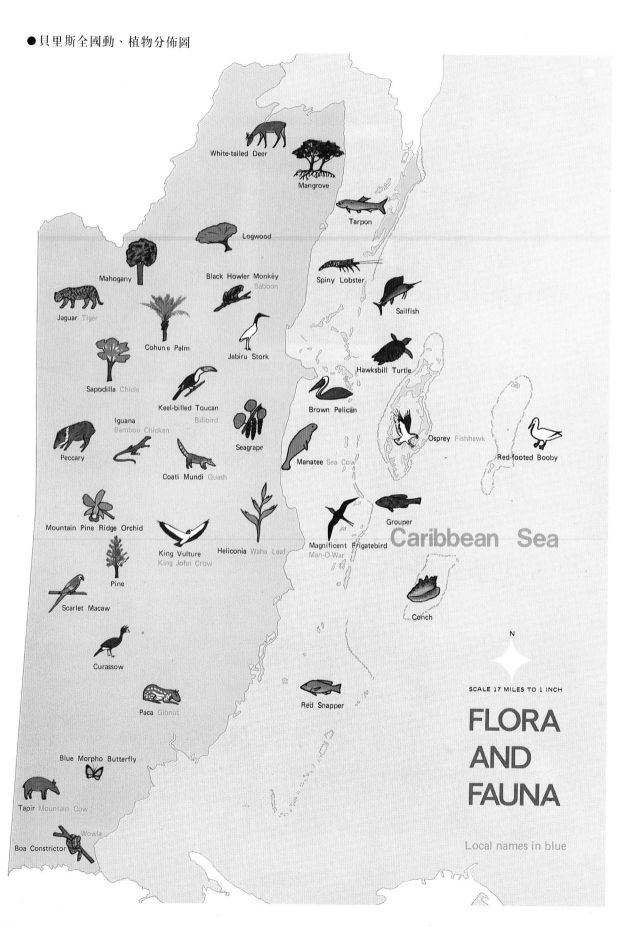

White-tailed Deer

Mangrove

Logwood

Tarpon

Mahogany

Black Howler Monkey
Baboon

Spiny Lobster

Sailfish

Jaguar Tiger

Cohune Palm

Jabiru Stork

Hawksbill Turtle

Sapodilla Chicle

Keel-billed Toucan
Billbird

Brown Pelican

Iguana
Bamboo Chicken

Seagrape

Osprey Fishhawk

Red-footed Booby

Peccary

Coati Mundi Quash

Manatee Sea Cow

Mountain Pine Ridge Orchid

Grouper

King Vulture
King John Crow

Heliconia Waha Leaf

Magnificent Frigatebird
Man-O-War

Caribbean Sea

Pine

Scarlet Macaw

Conch

Curassow

N

Red Snapper

SCALE 17 MILES TO 1 INCH

Paca Gibnut

# FLORA
# AND
# FAUNA

Blue Morpho Butterfly

Tapir Mountain Cow

Wowla

Boa Constrictor

Local names in blue

## ■貨幣與銀行

該國貨幣單位是貝里斯幣〝BZ$〞，其固定匯率是1美元兌換2元貝里斯幣。因政經穩定，自西元1973年至今20餘年，其匯率未曾變動。

貝里斯共有四家商業銀行，分別是：加拿大皇家銀行（台灣有分行美金可在兩地間相互通匯）、大西洋銀行、Barclavs國際銀行、Nova Scotia銀行，另外一家貝里斯銀行是屬政府儲蓄銀行。

政府於西元1990年成立中央銀行，以代替前貝里斯貨幣局。同時貝國銀行於西元1991年開始修訂，允許海外銀行設立經營。

## ■財政

關稅佔政府總稅的一半以上，其次是所得稅，佔三分之一強。國家預算的主要支出項，是農業、公共事業、教育及國防。西元1992年到1993年間的國家預算約美金150,000,000元。資本的支出，是經由經濟合作計劃，由英國、美國及加拿大供給資金，並向加勒比海開發銀行貸款。自西元1989年與中華民國建交以來所提供的經援，帶給貝國政府莫大的助益。另在美國雷根總統時代的CBI法案中，獲一千萬美元的資助，以支持政府公私營的各項計劃。

## ■農業

農業是貝國的經濟動脈，農產品約佔國家總外匯收入的70%，雇用全國勞動力的30%。

全國大約809,050公頃佔38%的土地，深具農業開發價值，現今僅有121,400公頃，用於農業耕作上，其開發比例不到四分之一。因此政府對於未利用於農業開發的耕地，課以相當重的稅賦，以鼓勵土地的開發與利用。其主要的農產品有甘蔗、香蕉、柑桔、葡萄、可可、椰子、稻米、玉米、豆類、木薯、參茨、山芋、馬鈴薯和蔬菜等。

農業的開發，是開發計劃的主要目標之一。政府之天然資源部在卡優(Cayo)地區的中央農場、設有農業研究中心，專門從事農作物試種、家禽養殖和牧草改良等實驗性工作。政府提供人民，機械及獸醫方面的服務，並以機械作耕作，來刺激土地之開墾。

政府經營的市場局（Marketing Board），以保證價格收購農產品，給予加工、貯藏，然後再銷售國內或國外。市場局同時也為農民的盈餘，提供了一條管道。

北部的科羅札爾區和桔道區是甘蔗生產鎮，兩地各設置一糖廠。甘蔗栽植面積24,280公頃，年產量超過10萬噸。政府法定的蔗糖局，管轄蔗糖業和甘蔗的生產。蔗農採會員制，透過成立於西元1959年的蔗農協會，與蔗糖局和製糖商三者之間做協商工作。協會並且提供農民，經濟和技術上的支助。蔗糖生產期，蔗農出售甘蔗的價款，是透過銀行發放，每逢週五銀行發款時，蔗農自清晨大排長龍的領款景象，是貝里斯的一大特色。

柑桔種植業，集中於史坦克瑞克(Stann Creek)地區。它是貝國第二項主要創造外匯的行業。來自柑桔種植農協會的大批桔子和葡萄柚，由兩家製造廠加工成濃縮汁、罐頭或果醬，供應外銷。政府法定的柑桔管理局，督導柑桔業的發展。柑桔栽培者協會，代表桔農。其目的在鼓勵柑桔業的發展，並維持其有紀律的經銷制度。

香蕉種植則集中在南部地區的史坦克瑞克(Stann Creek)和托勒多(Toled)兩地，是貝國第三種主要出口農產品。香蕉種植是政府計劃發展中的行業，已獲得大英國協開發公司和加勒比海開發銀行的貸款資助，正發展新的種植技術，並逐年擴大種植面積。

主要的糧食作物有玉米、稻米和紅色腎形豆，是供應國內市場銷售。因具有外銷潛力，已有相當數量的稻米和紅色腎形豆，銷往加勒比海共同市場國家。

全國各地都飼養肉牛，豬和家禽，而家禽和蛋類主要來自西部德國後裔的農業社區，足以滿足國的內市場的需求量。全國肉牛估計有50,000頭，豬20,000頭，其鮮肉和牛肉可自給自足。新成立的肉食加工廠，為當地市場生產香腸、燻肉和火腿。畜牧業仍是貝國新的開發資源，在卡優(Cayo)的山伊格拉希市(San Ignacio)，美國國際開發署出資建造一所牛奶廠，供應貝里斯市和首都貝爾墨潘的鮮奶市場。

養蜂是一項成立很久的行業，養蜂合作社遍佈全國，蜂蜜產量逐年增加中，其高質量產品供應歐洲市場。透過合作社，政府目前正積極鼓勵蜜蜂養殖業，擴大產量。

HERSEY食品公司沿蜂鳥公路，在卡優區建立一個可可商業種植園，促使可可逐漸成為一項出口農作物。

貝里斯的農產品主要出口市場，依重要程度，依次為美國、英國、加勒比海共同體國家和歐洲經濟共同體國家。

## ■漁業

貝里斯的漁民，從未在珊瑚礁以外的深水區進行過商業性的捕魚，因船隻、捕魚設備以及捕魚技術的不足，尚未能充分經營此業。但，漁業的潛力無窮，由於東濱加勒比海，海洋資源豐富，加上淡水魚產和養殖魚產，不但可自給自足，而且尚可外銷。主要的魚產有龍蝦、魚、貝類、小蝦和海龜等。龍蝦是貝里斯的名產，產量豐富，每年銷往美國一地的龍蝦，高達756,000磅左右，其價值約在貝幣一千伍佰萬元以上。法律保障刺狀龍蝦，以免被過份捕撈，每年3月至7月是禁止捕捉期。在此期間的觀光客，無法享用炒蝦肉、清蒸龍蝦、拌沙拉、醉龍蝦等美食，我的一位友人，就有此遺珠之憾的經驗。我也在"貝里斯遊記"中，看到一則記錄，一位遊客在貝里斯十天的旅遊中，享用30餘隻龍蝦，吃得過癮極了，不虛此遊。有鱗魚類之外銷市場，主要在美國、墨西哥和牙買加。

深水區的捕魚前景看好，正有美國的大型捕魚公司與貝國北部漁民合作協會合作，共同進行該區域的捕魚試驗。另外，加拿大國際開發商會(CIDA)和CARE，提供貝里斯漁民有關捕魚過程、海事工程、航行及現代捕釣技術的訓練，以振興貝國漁業。

貝國海岸線長，地理環境條件佳，適宜經營養殖事業。尤以美國市場對蝦類的需求量持續增加，加上CBI法案的市場優勢，使貝里斯養蝦事業較其他國家有更好的競爭優勢。故此，養蝦業在貝國是看好的新興行業。在貝里斯市近郊的〝貝里斯馬雅水產養殖有限公司〞是貝里斯養殖業中年輕的開拓者，從新技術的開發，從孵卵、飼料以及生產管理，已見有可觀的規模。

台灣的農技團，正加入輔導養殖技術的行列，以新的養殖技術，協助當地養殖戶，發展養蝦事業，以植根的方式，助長貝國的經濟繁榮。

## ■工業

工業發展是貝里斯較弱的一環，因電力不足和電費的昂貴，加上相關的下游基礎工業，未能有效的配合，使工業發展呆滯不前。故此，政府的策略指向產品的加工業和裝配業，經由開發之特許，以鼓勵工業發展，其中包括10年至25年的免稅期，同時亦鼓勵能建立更多的進口以便代替非勞力密集工業。政府開放前往投資的工業，有金屬鋁門窗、家具、水泥、磚塊、水泥空心磚、布料紡織業、遊艇製造、肥料工廠、鋸木廠、包裝廠、肉類及食品加工廠，另外建築用捲取鋼條、鋼板等行業。

據筆者瞭解，投入貝國工業發展的廠商，有一家台灣人經營，其規模有300至400名員工的成衣廠，位於貝里斯市，有很好的業績。另在北部科羅札爾市(Corozal)，也有一家加拿大人投資的腳踏車工廠，其工廠之機械設備與組件，大部份來自台灣，今正擴展機車的製造，不久的將來可望上市。

台灣人投資，在貝里斯裝配產製的第一台貝里斯品牌電扇，西元1994年12月於科羅札爾市誕生。此項投資，已獲得貝國政府的特許獎勵，其目標市場，看好墨西哥，加勒比海地區以及中南美洲。其它有塑膠加工業；小家電產品、電子產品、包裝材料廠等，正吸引台灣的投資者，不久將來工業加工區的遠景，被看好。

## ■旅遊業

一個說英語的國家，有純樸、熱情又親切的人民，以及美麗豐富的自然資源，它正吸引著觀光客的到來和旅遊業的投資－－貝里斯。

其藍色和綠色的水域，散佈眾多的珊瑚礁和小島，小島上有美麗的海灘和棕櫚樹，不愧為人人稱讚的世外桃源，人間仙境。

南部的熱帶雨林，人煙稀少，對觀光者而言是一個熱帶天堂，山脈松脊的壯麗，可同中美洲任何山脈匹敵。到處都有探險的機會，隱藏無數由石灰石形成的岩洞，等待有興趣者去探索。目前在貝國較流行的旅遊項目是沿著水晶般清澈的熱帶河流，坐木筏漂行，在牧場騎馬奔放或乘吉普車穿越松脊山脈奔馳，其趣味無窮。

珊瑚礁島及深水海域，形成一座世界上最佳的潛水區。大白魚、十磅魚、大型食用魚、鯛和骨魚誘感者釣魚客。深水區域的海豚、旗魚、馬林魚和WAHOD是捕魚主要的捕魚區，避免捕魚者任意濫殺、保護其豐富之魚業資源。

遍佈貝里斯全國各地的馬雅古蹟，有的已經發掘為觀光的主要資源，尚有大部份等待探索，也提供機會給對中美洲歷史感興趣的考古學家，無窮的希望。

旅遊業很有可能成爲未來貝里斯經濟成長的重要因素，目前因缺乏合適的、符合標準的飯店，減緩旅遊業的增長。如建立大型的、現代化的飯店，旅遊交通網路以及有規模的旅行社的，將會吸引更多的釣魚愛好者、觀光者及商人湧入這個國家。

## ■勞工及工資

貝國就業機率少，人口大量外流，至別國謀生。故目前國內可供應之勞工約六萬人，可充份提供辦事員、半技術員工及非技術性勞工，但經理級管理人才較爲缺乏。對於投資者，技術和非技術性之勞工，依法准許移入。目前各業別之勞工比率如下：

- 農業、林產林、漁業———40.5%
- 製造業、建築業、礦業———22%
- 服務業———37.5%

政權，十餘年來歷經3次平順的政權轉移。其它中美洲國家的暴亂，都不曾影響貝里斯和平穩定的氣氛，其持續的政治穩定，促使外國公司包括投資最多的美國企業，進行投資的主要因素。

從經濟面看，政府的經濟策略已朝向多層面發展，從農業、漁業、輕工業、旅遊業等，正迅速增長中。加上外國的開發援助和貝里斯享有進入美國、英國及加勒比海共同市場之國家市場的優惠權等優勢，再加上貝國政府獎勵投資者的特許優惠，給予外來投資者最大的發展空間。

從社會面看，組成人口的幾個種族和平融合，在貝里斯沒有國內騷亂。其生活水準相對於中美洲各國最高的，至西元1990年平均國民所得達$1436美元。

該國薪資制度探週薪制，以職業別其平均工資如下：

| 職業分類 | 薪資(US／hr) | 週薪(US) | 週薪(NT) | 月薪(NT) |
|---|---|---|---|---|
| 機 械 師 | $1.50 | $ 84.00 | $2,100 | $ 9,000 |
| 水電機工師 | $4.00 | $224.00 | $5,600 | $24,000 |
| 一般作業員 | $1.20 | $ 67.20 | $1,676 | $ 7,200 |
| 技術操作員 | $1.40 | $ 78.40 | $1,925 | $ 8.400 |
| 一般勞工監督 | $2.12 | $118.72 | $2,968 | $12,720 |
| 店　　員 | $2.00 | $112.00 | $2,800 | $12,000 |

## ■投資獎勵

### 1.國家的穩定性

從政治面看，貝里斯具有悠久的民主傳統，在英國殖民時期，就經歷近20年的內部自治，於西元1981年和平的轉移到一個獨立自主的國家。西元1984年全國舉行大選，聯合民主黨(UDP)自統治貝里斯30年的人民聯合黨(PUP)手中，和平的取得

全國各地有很好的教育體系，國民識字率超過93%。國家實行健康保險，社會保障制度，提供病假津貼等。

### 2.政府對外國人投資者的態度

貝里斯政府爭取許多稅期優惠措施，鼓勵外國投資者。可享用與本國投資者一樣的發展特許，包括對加工工業品的出口給予25年以上特許。其它一些

工業品予以五年或可延長至十年以上的特許。此類特許的條款，包括免稅期、固定設備和原料進口稅的減免。

投資者使用本地資源和原材料，製造出口產品，或生產進口產品的替代品，以增加就業機會及提高貝里斯人的技術水準，將更受政府歡迎。外國人允許擁有100%的企業，但政府鼓勵本地企業家參與的合資企業。

一般投資者在決定進行投資時，必需詳估所投資行業是否能獲得特許爲考慮條件，申請〝發展特許〞需經過政府六十天的審核，才能得到答覆。若取得發展特許只是第一步，有時還需到政府其它部門取得更進一步的執照或許可。貝里斯商業和工業委員會下屬的出口及投資促進委會可以幫助投資者取得必要的執照和許可。一旦獲得必要的特許或執照後，就不會再受到政府的干擾，而能很平順的進行事業營運。

## 3.有關投資的法規和條例

在西元1985年貝里斯政明確制訂投資法，適用於本國和外國投資者，這項法規將農業（包括家畜和農業性工業）列爲民族經濟發展的首位。其次是旅遊業、林業、輕工業、養殖業以及深海捕魚和加工業。投資者可以向首都貝爾墨潘的經濟發展部索取該項投資法的資訊。

沒有永久居留權的外國投資者，通常被禁止在下列領域參與投資：
· 經銷業
· 珊瑚礁以內的商業性捕魚
· 甘蔗種植
· 內陸運輸及小型餐館和酒吧

下列的投資形式是得到政府的承認和許可：私人公司、合資企業、合夥制、獨資事業、附屬機構或外國分公司。絕大多數的合資事業是本地投資者和外國投資者共同經營。總而言之，政府希望其法規，能給予私人投資者的照顧與支持。

外國人在貝里斯擁有土地之規定，在市區超過二分一英畝，或在郊區超過十英畝，必需根據西元1973年外國人土地擁有條例中的有關規定行事。土地購買者必需先向自然資源部的土地辦公室提出購地進行開發計劃書，經申請核准後，才能獲得土地購買轉移，同時需按開發計劃完成或開發，否則將被政府收回。但，特有永久居留權滿3年以上者，購地不在此限。

## 4.對投資的鼓勵和執行過程中的要求

貝里斯政府提供大量的財政和其他方面的鼓勵措施，以吸引外資投入經濟活動，從事生產及服務領域。投資特許並不是自動獲得，一定要與政府協商，能否取得特許，要衡量其投資對貝里斯的經濟貢獻。投資特許包括：
· 法律允許的免稅期，可長達25年。
· 如果最終產品是再次出口，則免征原材料、機械設備和專用設備零件的進口稅。
· 免稅期間從盈利中支付的紅利、在未達到股東的投資額時免稅。
· 確保初期投資、利潤以及資本收益等可匯返本國。
· 免稅期間出現的虧損，在免稅期滿後，允許轉入下一年結算。
· 根據LOME協約優惠進入歐洲市場，根據CBI法案優惠進入美國市場，根據加勒

比海共同體協議優惠進入加勒比國家的市場。

發展特許的申請內容，應包括該企業如何對經濟、財政資源作出貢獻，預期的外匯利益、雇工、管理以及提議中的投資時間表。然而發展特許的期限則取決於①對本地的增值程度②企業預期的獲利能力③外匯的獲取和儲蓄能力④提供的工作機會等條件。至今貝里斯政府已發出140多種特許，其中25%的特許是核准給外國人或有外資成份的企業。

政府是對於未曾出口和技術產品，特別給予鼓勵。外資之獨資企業，其資金需超過US \$125,000時才有機會獲得發展特許。但在其它條件方面，所有投資者都是平等的，沒有國籍問題。

## 5.資金來源

據筆者瞭解，到貝國投資，若想利用銀行貸款之資金來經營企業，有如〝緣木求魚〞。正如當地投資者的說法，投資企業受歡迎，但您得〝靠您自己〞。

前文已談及貝里斯有四家商業銀行，按照政府規定的開發貸款利率是12%，但一般銀行都自訂為16%－18%。加勒比發展銀行的貸款利率為12.5%，然而其處理一項貸款業務需費時6個月到12個月之久。若從開發金融公司取得一筆小額貸款，也至少需3個月時間。故此，從上述來源取得貸款費的時間和不確定性，對一個急需資用的投資者，是無法容忍的。回顧，金融業的發達，資金運用的活絡，是日工商業發達的源泉。

## 6.建之投資業務的步驟

向政府申請投資的第一步驟，就是正確地成立和登記一個屬於貝里斯的公司，此手續乃允許外國投資者，在未來達到原始投資額的利潤，100%可匯回本國。

在申請過程中，難免繁雜、拖拉的公文程序。但，能提供一份闡明對貝里斯經濟帶來明顯助益的計劃方案將會加速處理過程，有助於獲得政府提供的特許權，這種特許權可改善新企業的經濟前景。

貝里斯出口與投資促進協會，可提供絕對的服務，幫助潛在的投資者，登記公司和申請有關的特許權。此協會的地址、電話號碼和其他投資者信息來源，可在政府的資訊中獲知。

## 7.對外貿易區

貝里斯目前有兩處出口加工區之設置，由私人開發公司所經營。一處設在貝里斯市郊，一處設在北部的Corozal市郊。

Ladyville工業區：是開發財政公司(Development Finance Corpration)投資經營，設置於距貝里斯市9英哩處的深水港(Deep Water Port)區，面積8.5英畝，提供5棟20,000平方英呎，7棟6000平方英呎的廠房建築。設備完善，以出租方式經營，若想購買產權方式也被考慮。如需另建廠房，於簽署計劃書後，9個月內完成。

Corozal工業區：位於Corozal市郊約3英哩處，與著名的Corozal Commuuity College相對面，其面積約10英畝，已建好兩棟廠房，區內享有水電之優惠，經營形態與Ladyville工業區相似，目前有一加拿大

人經營的腳踏車工廠營業。

另外政府正計劃在墨西哥邊境Santa Elena地區，成立自由貿易區，以免稅方式與墨西哥進行商業活動，促進貝里斯北部地區的經濟繁榮，未來Corozal將成爲發展重鎮。

## ■稅負

貝里斯政府的稅負，是屬於高稅率國家。本文僅介紹有關之稅負，其它不列入說明。

公司營利事業所得稅，按固定稅率45%納稅，不過很多行業在獎勵開發特許下，皆享有免稅期的優待。

・財產移轉稅：如下表

| 財產價值（美元） | 扣　徵　稅　率 | |
| --- | --- | --- |
| | 本國人 | 外國人 |
| 1,000-7,500 | 3% | 6% |
| 7,500以上 | 5%H | 8% |

・土地交易稅：土地移轉是按雙方交易之總價款，實施徵稅。本國人一般以3%扣稅，外國人持永久居留權滿3年者以5%扣稅，一般外國人則以8%扣稅。

## ■加勒比海盆地經濟振興法案（CBI法案）

美國自西元1980年代雷根總統主政時期，即積極致力於美洲地區的經濟統合，

祈望能穩定中南美洲各國之政治情勢，以維持美國南疆之安定。建立美洲經濟新秩序，勢必先解決加勒比海及中美洲各國內部的經濟問題，拉近與北美國家間所得之差距。西元1982年2月24日，美國雷根總統宣佈一項史無前例的片面優惠法案――〝加勒比海盆地經濟振興法案〞(The Caribbean Basin Economic Recovery Act)簡稱CBERA，但業者稱呼爲CBI法案。該案於西元1983年獲得國會通過，自西元1984年1月1日起執行到西元1995年止，有效期限爲12年。係針對中美洲及加勒比海地區國家，給予貿易、投資及經濟援助上之優惠。其目的在於促進該地區之進步、繁榮和穩定政局，以確保美國〝後院〞的安定，提高這些國家的購買力，進而擴大美國的出口市場。

西元1990年布希總統簽署的〝加勒比海盆地經濟振興擴張法案〞(The Caribbean Basin Econmic Recorvery Expansion Act of 1990)簡稱CBEREA，但業者通稱爲CBIⅡ。以CBI法案優惠實施符期限取消，成爲永久性措施，並逐步擴大通用範圍。

CBI和CBI II法案包括經濟援助貸款方案，鼓勵旅遊業發展措施，推動經濟開發計劃，但其中最主要的還是給予加勒比海及中美洲地區符合CBI法案規定條件的指定國定（稱為CBI受益國），產品進入美國的免稅或減稅的優惠待遇，使在此地區生產的產品能夠直接取得有利的美國市場地位，加強美國貿易的密切關係。

CBI法案實施七年後，最顯著的成效是引起全球業者對此地區，作為美國貿易前進基地的重視。美國與CBI受益國間的貿易量自CBI法案實施後，除石油及其製品對美輸出量下降外，其它農產品、紡織品及成衣等非傳統性銷美產品項目的輸美量皆有顯著增加。

近兩年來，美墨之間有關"北美自由貿易協定"的協商已對CBI法案吸引投資的效力造成威脅。咸認北美自由貿易協定對CBI國家之影響可分下列二點：

1.美墨自由貿易協定簽署後墨國對美之貿易可能逐漸取代CBI國家對美的貿易。

2.在美墨貿易協定協商的過程已產生投資者對CBI國家投資的熱衷減低轉而暫時觀望的態度。

目前維護CBI國家利益的專家呼籲美墨自由貿易協定中對墨國之優惠條件，不能優於CBI和CBI II，促使CBI國家能與墨國處於平等競爭地位。然而墨國挾其工業能力，生產規模及國內市場等條件，爾後與CBI國家競爭投資資金勢所難免。

CBI法案在未來數年中可能發展的趨勢以及與美墨自由貿易協定之競爭關係，實為我投資業者需密切注意的課題。

# 九、綜談交通與公共設施

如果以台灣進步與繁榮的腳步，來探討貝里斯這個國家，有許多事物會令人感到不可思議。一個只有20餘萬人口迷你型的小國，卻有三家國際航空公司的班機，每日飛航中美洲與美國各城市，各項建設雖不十分完備，卻有典型的國家規模，國民很容易獲得世界最新的資訊，電話也能直播世界各地。說他落後，卻可見汽車滿街跑、遊艇穿梭各海島間遨遊，處處可見手持大哥大者行走街頭。說它進步，卻也有一絲過慣繁華生活後的無奈與惆悵感。它就是這樣的一個國度，下文敘述其交通與公共設施供參考：

## ■交通

### 1. 公路

貝里斯國境內的主要高速公路說明如下：

・北方高速公路(Northern Highway)：連接貝里斯市與墨西哥邊城〝恰特瑪〞(Chetumal)市。

・西方高速公路(Western Highway)：連接貝里斯市與首都貝爾墨潘市，在經山伊格拉希市通往瓜地馬拉國界。

・蜂鳥高速公路(Hummingbird Highway)：連接首都貝爾墨潘市與丹格利卡市，屬中部公路。

・南方高速公路(Southern Highway)：連接丹格利卡市與最南端之彭達格爾達市，橫跨南部史坦克瑞克和托勒多兩行政區。

### 2.內陸水運

有New River、Sibum River、Monkey River等河流及鹹水湖，可航行淺水位的船隻，貝里斯河(Belize River)主要用於運送伐木。

### 3.海運

主要港口是貝里斯港，目前已有現代化深水位港口碼頭設備。八大航線的船貨，來往於貝里斯及中美洲、北美洲以及歐洲、日本、台灣等地區。

### 4.空運

主要機場是貝里斯國際機場，為紀念開國功臣取名為〝PHILIP S. W. GOLD SON INTERNATIONAL AIRPORT〞，新機場大廈於西元1990年7月27日正式啓用。距貝里斯市9公里處，由政府經營管理。機場跑道長1920公尺，可容納中型噴射客機起降。定期的國際班機由三家航空公司：TACA INTERNATIONAL AIRLINES、CONTINENTAL AIRLINES、AMERICA AIRLINES來回於美國及中洲各國。此外有37處小型機場，亦有私人機場，可供輕型飛機停用。貝里斯氣象局有最新的氣象雷達系統，設有衛星通訊設備，以協助天氣預報工作。

### 5.汽車與汽油

貝里斯國家並無製造汽車，因新車關稅達89%，因此大部份都由美國進口約八成新的二手車，由貝里斯人或外國遊客從美國經墨西哥開回貝里斯轉手銷售。汽油的價格，每公升貝里斯幣＄1.3元合新台幣＄16元。

## ■電信

貝里斯電信屬國營，代表政府調節內部通話、電報業務及一般通信電子和資訊控制。自動電話分佈於全國，當局亦經營墨西哥、瓜地馬拉及中美洲各國的區域性通話業務、電報、FAX、TLX等。其他區域通話業務，由政府許可的海底電報和無線電報公司經營。位於首都貝爾墨潘的地球衛星站，提高與外界通訊的品質。

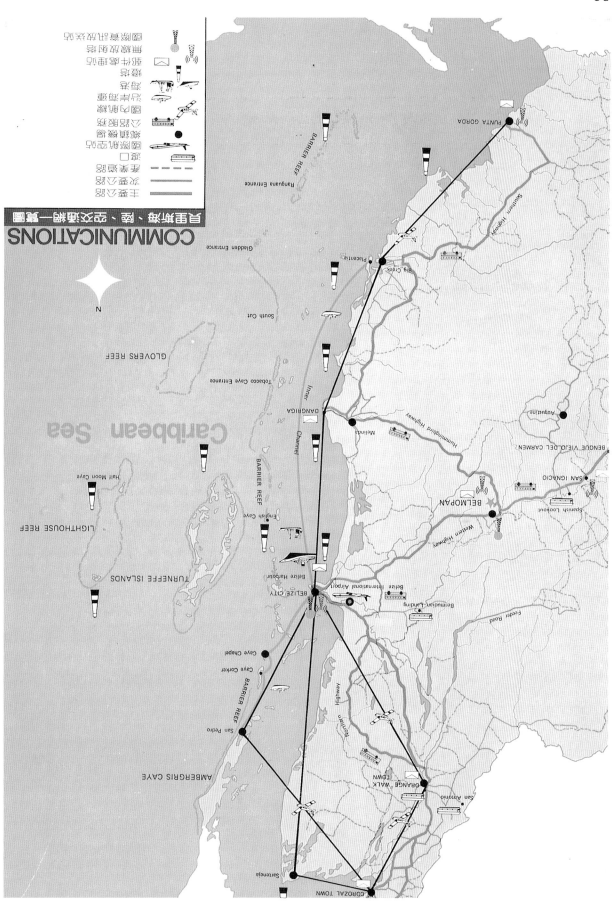

COMMUNICATIONS

海運、空運通訊一覽圖

## ■電力

電力供應係以柴油發電，北部地區向墨西哥輸入電力，另由中華民國政府提供協助興建的CAXO水力發電廠，預計年內可完成，將提供貝國充足的電力。目前供應電壓係100／220及220／440伏特兩種，用電費率採分級計費，一度約美金0.26元，合新台幣6元，超過33度以上時，每度則以0.17元計費，合新台幣4.25元，比台灣電費略貴些。

## ■供水

工業和家庭用水費率，每加侖約美金0.003～0.004元。自來水公司可由私人經營，例如科羅扎爾市的自來水供給，就由私人自來水公司經營。當地人的飲用水都採用天然雨水，華人給她取名為〝天水〞，每戶家庭都具備蓄水池，儲存雨水飲用，當地人常未經煮沸就生喝。據筆者的經驗，〝天水〞經煮沸後飲用，十分甘潤可口。

## ■醫療服務

貝里斯有七家政府醫院，一家在首都貝爾墨潘市，一家在貝里斯市，其他五省區各有一家。政府在貝里斯市，正新建一座現代化的新醫院，硬體設施已接近完工，很快即可加入醫療服務。另有一家為痼疾病患所設之醫院，服務特殊病人。

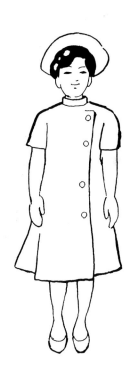

鄉村地區的醫療服務，是由鄉村健康護衛中心所提供。偏遠地區之服務，則由機動診所經營。一般而言，政府經營的醫療服務是免費的。但，私人醫院還是存在，因公立醫院病患多，醫療品質差。而私人醫院品質較好，生意也不錯。

貝里斯護理學校，提供護士與助產士的訓練。通常醫科學生，則到牙買家的西印度大學醫學院就讀。

# 十、有英國色彩的教育制度

貝里斯人能閱讀和寫作的比例超過93%，是加勒比海地區最高的一個國家。政府規定6歲到14歲的學童，必須接受國小義務免費教育。中學教育自西元1993年9月開始實施行學費免費（課本和雜費自理），但中學生必須經過會考通過才能入學就讀，尚未列入義務教育。大部份屬於教會學校，少部份由政府主辦。政府另外還辦一所特殊教育的學校，照顧一些心理或生理殘障之兒童。

貝里斯市設有兩所專科學校；第一所是貝里斯技術專科學校（Belize Technical College），提供手藝及技術課程。第二所是貝里斯師範專科學校（Belize Teacher's College），開設兩年制課程，以培育訓練師資。貝國唯一的一所大學是貝里斯大學（The University College of Belize），有英文、數學、生物、化學、商科等學系，提供較先進的專業性及技術性方面之課程，畢業生可獲得學士學位。該校附設藥劑、化驗兩科，培育醫事人才，以及法律、英文、西班牙文等之短期一年的訓練課程。有些學生亦出國以求更深一層的研究，到加勒比海地區的西印度大學或英國、美國及加拿大，近年也有到墨西哥、巴拿馬以及哥斯大黎加等國進修。

英國政府對大英國協會員的人才培養不遺餘力，貝里斯每年分配兩個名額獎學金到英國劍橋大學進修，但規定必須在貝里斯出生的國民，才享有此優惠。目前已有兩位在當地出生的華裔子弟，得到此殊榮，進入劍橋大學就讀。政府也提供獎學金到美國、牙買加、墨西哥等國進修，培育專業人才。

西印度大學在貝里斯市設有分校（Extral-Department），主要課程是訓練成人教育及演講技巧。另外也有人類學、憲法學及西班牙和Garafune會話等課程。並且常鼓勵藝術創作，每年舉辦一次音樂、舞蹈及戲劇的慶祝大會。

貝里斯發展中心和貝里斯農校，專門為訓練和培育對農業技術開發、研究有興趣的人而設立。

貝里斯是個教育非常普及化的國家，求學期間可同時學習英語、西班牙語兩種語文。對學習者的就業或人生規劃非常有幫助。

貝里斯有設備良好的圖書館，其總部設在貝里斯市的Baron Bliss機構，全國有74個分館，偏遠地區則有汽車圖書館(Bus Labouray)作機動服務。因學校教育十分注重報告的寫作與分析，從中學生開始就必須廣泛的蒐集課外資料，圖書館的圖書成為求學的重要工具。為了鼓勵文化活動，Bliss機構由政府經營。

貝里斯學校分為公立和私立兩種教學體系，簡述如下：

## 1.公立學校

①幼稚園：3足歲至6歲就讀（2年6個月）

②小學：6歲至13歲就讀（6年）

③中學：13歲至17歲就讀（4年）

● High School：就讀四年

● Secondary School：就讀四年，又叫Junior School相當於台灣的職業學校。

## 2.私立學校

①Saint Catherine's Elementary：男女兼收，是一所小學，包括幼稚園兩年和小學6年。

②Saint Catherine's Academy：是一所4年制女子中學。

說明：上列①②是兩所天主教學校，在貝里斯具有100年歷史。

③Saint John's College High School：是一所4年制男子中學及2年制專科部的混合學校。

說明：中學畢業的學生，可報考原學校繼續就讀2年制專科部，相當於台灣的專科學校。

學校上課全年分三個學期，第一學期

自9月3日到12月10日，第二學期自1月2日到3月19日，第三學期自3月28日到6月10日。其上課時間是上午8：00至12：10，下午12：40至14：55，中途不能隨意離開課堂。上述學期日與上課時間，隨各校作息略有不同。

　　貝里斯的學生入學方式，是採會考制度。學齡兒童經兩年半幼稚園的學前教育後，進入Primary School（小學）接受六年的國民義務教育。畢業前最後一學期，須參加Belize National Selectionation，全國性之會考測試，升學者按成績之高低申請就讀High School（中學），學校區分為80分以上、70分、60分、50分等級，其會考成績達80分以上，就申請設定80分標準的學校就讀（例如貝里斯市的Corozal Community College），以此類推，達成您的就學願望。就讀中學四年畢業，按個人意願在參加CXC會考(Caribbean　Examination Council)，有10至12科目，自由報考自己所需求的科目，CXC會考有兩種重要功能，一是中學畢業後進入政府機構就業的必備成績，二是申請加勒比海區域各國之Junior College（相當台灣的專科學校）所必備的成績。若中學畢業生欲到美國進修，除參加ＣＸＣ會考外，另外在參加＂ACT＂(American College Testing)考試，再申請美國的專科學校就讀，其後才能進入美國大學。但Saint John's College High School中學四年畢業，成績達到標準，可直接申請到美國大學之入學許可。就讀Junior College 畢業生，憑在學之GPA成績(Grade Point Average)，可申請貝里斯大學之入學許可，經會審核格後，才可參加入學考試。故此，貝里斯的入學方式與台灣的聯考制度，是有所不同，但其公平性是受肯定的。

# 十一、拓荒者的故事

大英帝國在全盛時期，殖民地遍及全世界，被世人稱爲〝日不落國〞。而我大中華民族，也有走遍世界的足跡，華僑散佈全球，有人形容〝有太陽的地方，就有中國人〞。如果您曾有旅遊世界各國的經驗，當可證明，此言不虛。

位居中美洲的貝里斯，據說在十九世紀中葉時期，就有爲數約300左右的中國人，跨越太平洋，乘船到此國度，上岸後有部份人氏，將近百人因水土不服而病逝，剩下者就地墾荒務農，過著恬靜的田園生活。日久因生活上的需求，逐漸與當地人通婚，學習當地語言，融入當地社會，延續至今成爲混血的一族支系，其中尚有保留中國姓氏者。但，與新一代的移民，已失去連繫，十分可惜。

在科羅扎爾市(Corozal Town)就有一則眞人眞事的趣聞，當地有一位七十餘歲的長者叫做〝Money Man〞，其先祖自中國移民至此，與當地人通婚，經刻苦至富有，到其父親時代成爲富商，遺留許多產業給這位長者，其爲人慷慨，別人向他伸手借錢就給，要房子住也給人家，聲名遠播，人人稱之爲〝Money Man〞（有錢人），叫得順口，久而久之逐漸成爲其名，連眞姓名也被遺忘了。這位老者子女衆多，散居各地，年輕時慷慨大方，錢財散盡，年老後子女不奉養他，成爲孤獨老人，已賣彩票渡日，晚景凄涼。走在科羅扎爾街上，只要探詢〝Money Man〞，無人不知，無人不曉。這就是一位中國拓荒者的後裔，大起大落的眞實事蹟，令人感嘆！

爲了追尋本世紀中國人移民貝里斯的史蹟，在今年盛夏的六月天，託友人楊鑄憑夫婦之福，引見歷任中華會館三屆會長的朱柏橫先生，我們到貝里斯市濱海的ROMADA旅館，坐在清靜的泳池之涼亭上，聽朱會長在記憶所及，娓娓述說先民的奮鬥史。

本世紀最早到貝里斯的華人移民，是20年代墨西哥與宏都拉斯排華動亂期間，有2000至3000華人逃難到貝里斯，事件後正式留下來定居者不多，大部分在短時間又移居他國。定居者一部份以南部的彭達格爾達市(Punta Gorda)爲據點發展，以種植口香糖樹及務農爲生。另移居貝里斯市者則開舖營商，這批人以逐漸當地化。在此期間之移民中，至今可查考者只剩關方瑞家族，移民初期在北部科羅扎爾地區營生，後期移居到南部，至今成爲本世紀移民貝里斯的華僑鼻祖。

三十年代留給華人社會有深刻印象的移民者，是屬劉關友家族，原先在瓜地馬拉打工維生，因中彩票發財，再移居到貝里斯。其次是馬洪家族和麥朝相家族，至今尚滯留南部做生意。在本年代最成功的移民典範，應屬關興邦三兄弟，其中兩兄弟在貝里斯市鬧區，開設日用品百貨店和電工器材百貨店，另一兄弟則經營金龍酒店，是旅館和餐廳合二爲一的酒店，也是華人旅客長駐足的地方。

四十年代末期，朱會長的伯父朱錦華先生，本想到瓜地馬拉發展，事巧碰上二十年代來貝里斯發展的關方瑞先生，經其

介紹反而定居貝里斯開舖創業。同時期的王文教先生則以農場爲業，種植水果，發達後再經營餐館。緊接著五十年代是中國大陸鐵幕開放時間，朱會長與永全大使（貝里斯駐華大使）在此期離開大陸，成爲新一代移民的姣姣者。話說伍大使其祖父時期是旅居瓜地馬拉的生意人，到父親時代遷移貝里斯，經營雜貨生意，及至伍大使這一代成爲成功的企業家和政治家（待下章再詳細期成就）。走入六十年代以後的新一代移民，有關世民、李國建、楊鑄平、李智利、李崇賀等新秀，在華僑社會，頗具名望。

　　早期的中國移民，大部分從事日用雜貨生意，賺錢後再轉向投資布匹的買賣。沿及於此，說一則華人賣布的趣聞，與讀者共享；話說當地人忠厚老實，到華人店舖買布，詢價每呎0.5元貝幣，客人認爲價廉布料品質可能不佳而不買，眼看生意做不成，老闆臨機一動，同批布料標價提高爲每呎7元貝幣，反而生意供不應求。本故事顯示兩種意義：其一是當地民族的純樸與憨厚，其二是早期有資本做生意的移民者，好做好賺，因而造就不少華僑的成功事例。

　　提起貝里斯彩票，也是中國移民之生財之道，有不少華人經由此門路而發達賺錢，其後轉投資做生意而致富。買賣彩票至今以融入貝里斯的生活當中，如同台灣早期的愛國獎券、大家樂及今日流行的六合彩。但，彩票是貝里斯政府許可經營的商業化買賣，政府只收取稅金，真正的東家是有執照的組頭，向政府購買彩票本，再分發給票友發售，票友只賺取佣金，中獎者向組頭領取獎金，政府不負贏虧責任，組頭對彩票的經營成爲事業化。

　　貝里斯彩票的歷史，是早期的本地人到巴拿馬打工賺錢，開始玩巴拿馬彩票，激起親朋好友的興趣，委託購買帶回貝里斯，以無線電收聽巴拿馬彩票的開獎號碼，日久漸成風潮。到50年代初期貝里斯政府給予合理化，發售彩票，由政府收取稅金，但還是收聽巴拿馬彩票的開獎碼。引起巴拿馬政府的抗議，終於在70年代貝國政府自己發行彩票，成爲貝里斯式的彩票文化，風行全國。又因華僑買賣彩票，吃到甜頭，逐漸將一星期開獎一次，又增加每天開獎一次。故此，今日貝里斯彩票是每週日早上10點開大獎一次，買一元貝幣彩票中獎之獎金是1500元貝幣。另週一到週五每日晚上9點開獎一次，買一元貝幣彩票，中獎金額是35元貝幣。

●美麗的華僑女大學生，假日客串賣彩票

餐館業是華人移民後期的新興行業，
因早期貝里斯人民生活窮困，中國人移民
只做日用雜貨生意及至七十年代後，生活
水準提高，有一位旅居瓜地馬拉的華僑，
遷移到貝里斯市經營第一家〝麗春中國餐
館〞，生意非常興隆，但週日假期不開
店，讓許多饗客望店興嘆！因此，伍永泉
先生以廣東招牌菜為號召，開第一家廣東
餐館，享譽貝里斯。其後朱會長的中國園
餐館，鄭氏經營中山皇宮餐廳，李氏經營
的和富餐廳，都是貝里斯市有名的中國餐
館。因台灣人移民貝里斯，只有近十年的
歷史，加入餐館業的經營，已有兩家名店
出現，一是萬客來餐館，一是陳氏經營的
欣園自助餐館。吃是中國人的最愛，但提
起中國菜，貝里斯人和墨西哥人無不豎起
大姆指稱讚它。因此，目前在貝國從事餐
館業，成為華僑經營謀生的最多行業。

中國人在貝里斯將近一個半世紀的奮
鬥史，中華會館未能彙集成文留下史實給
後代子孫引以為傲，太可惜了。本文所摘
錄的只是朱會長腦海中的片斷，除衷心感
謝朱會長的熱誠外，更盼望有研究歷史的
學者專家，能深入查詢、記錄，完成一部
〝中國人〞可歌可泣的〝移民奮鬥史〞。

# 十二、華人的榮耀

"伍永泉"三個字,在貝里斯是響噹噹的人物,經商成功爾後從政,目前是貝里斯國駐中華民國大使,也是自西元1989年10月13日建交以來的首任大使,是華僑界的最高榮耀以及最有成就的一位政治家。對中華民國的貢獻,有口皆碑。據聞當初我國能與貝國建交,伍大使是幕後推動的大功臣之一,駐華期間,又不遺餘力為促進中貝兩國的工商交流盡心盡力。是一位深得人心,為華人社會敬佩的領袖人物。因為是特任大使,目前其事業已放手兩位子女經營,本人專職為中貝兩國貢獻心力。

伍大使在貝國是一位有名望的事業家,最主要的事業來自世界名牌菸酒及化妝品的總代理,業務遍及中美洲。在貝里斯市的商業精華區擁有一家精品百貨名店、市郊的發貨倉庫,及墨西哥邊境和貝里斯國際機場的免稅商店,其它尚有土地、彩票……等等事業,富甲一方。在貝里斯的財富和地位,正如台灣的俚語所說"喊水會震動"。伍大使的子女,頗具其父之風,今日的事業都由一女一子在掌理,其大女兒年紀輕輕,已榮任貝里斯的榮譽職———"太平紳士"(Justice Of The Peace),俗稱的JP。代表在地方上是名望之士,也是一位見證者。例如貝里斯土地買賣的過戶程序中,買賣雙方必須到JP處當面見證簽字後,才能到地政單位先繳稅,再辦理轉換所有權狀之手續,經核准後正式完成土地交易。其它尚有許多地方上的職掌,JP扮演重要的角色。

朱錦華先生在華人社會中,也是移民成功的代表者,在南部丹格利卡市(Dangriga)經營一家中華餐館"Relis Restaurant",是該市鎮上最大型的餐館,也是華人常聚會的地方,目前已交棒由其兒子經管。另外還擁有位於該區近郊擁有200餘英畝的果園農場,種植柳橙、檸檬……等。提起夏都加勒比海旅館"Chateau Caribbean Hotel"是貝里斯市中國人經營的酒店旅館,常有名流聚集。除供住宿外也經營酒店生意,我國駐貝里斯大使館宴客時,常在此店舉行,如大型的國慶酒會也曾帶給"Chateau"風光的一面,這家酒店就是朱錦華先生的代表,今日已交棒給女兒經營。台灣到貝里斯的觀光客,常駐足於此,因面臨加勒比海,風光壯麗,使您盡情享受悠閒時光。

● 西元1993年中華民國駐貝里斯大使館國慶酒會

"Swing Bridge"是貝里斯著名的旋轉橋，晨昏各一次旋轉橋面讓船隻通過，構成貝里斯市的特殊景色。而橫跨兩岸的Albert st.& Queen st.兩街是市區最繁華、熱鬧的街道，商店、市場、銀行、書店、百貨公司林立，是貝里斯市的商業中樞。30年代移民來此的關興邦三兄弟在此名街，建立了商業據點和名望。Augusto Quan & co.和Willian Quan & co.兩家日用品和五金百貨公司，矗立於橋頭最繁華的街道上，由關氏兩兄弟各經營一店，生意興隆，是華僑成功的典範。金龍酒店是關氏另一兄弟所經營，結合中華餐館和旅館的經營形態，位於Queen st.的中心地段。筆者和當地友人每到貝里斯市，常在此用餐，經濟實惠，有中國人的親切感，又有適合貝里斯人口味的餐食，故此生意不錯，兄弟三傑是華人移民成功的典範之一。

位於Queen st.另一家華人名店，是60年代移民來此的"世民――關"，華人都稱呼他爲"世民關"是按英文的念法，事實上中文說法是關世民先生，經營雜貨批發生意兼零賣，擁有五、六家店面，也是華人社會中的名人之一。

貝里斯中華華僑總會成立於西元1980年，由伍永泉大使發起，服務華僑社會，已歷經七任會長。其中朱柏衡先生就榮任第三、五、六，三屆會長之職，熱心服務華人移民，本身與伍大使同是50年代的中期移民者。早期的"中國園餐館"是其移民的先期事業，今日已擴展兩家餐館及一家速食餐飲店。兩家餐館位於渡假勝地"珊貝多"(San Pedro)，一家名爲"翠華宮餐館"，一家取名爲"海洋餐館"，經營有聲有色。另一家速食餐飲店位於貝里斯市的Albetr st.之精華區上。故此，朱柏衡

●Swing Bridge旋轉橋

● August Quan&co.

先生堪稱爲貝里斯華人的〝餐館大王〞。

和富酒家和中山皇宮酒家是貝里斯市中華料理的兩家名店，和富酒家是李國健先生經營，屬於高級中華餐館與鄭氏經營的中山皇宮酒家，同享盛名，是華人宴客的好餐館，在此才能吃到道地的中華口味，相對的也是消費較高的餐館。台灣的移民公司，帶團到貝里斯，都會到此兩家名店享用美食。

王文敎先生在50年代與朱會長同一時期到貝里斯，其早期事業是開發農場，種植水果，發達後再經營餐廳。他在貝里斯第二大都市〝桔道市〞（Orange Walk）開第一家中華餐館，目前由內弟李智利先生經營，在該市屬於最出名的餐館，加上經營彩票生意成功，〝李智利〞之名號在桔道市之華人社會佔龍頭地位。

走訪北部重鎮〝科羅札爾市〞（Corozal Town），問起〝Sautos Lee〞（李崇賀先生）和〝James Yeung〞（楊鑄平先生），不論當地人或華人，無人不知，無人不曉，是科羅札爾市的兩位名人。提及〝皇上皇餐廳〞是當地十餘家中華餐館的龍頭，凡到訪科羅札爾的華人，百分之八十以上會到皇上皇餐廳一敘，它是楊鑄平夫婦所經營，是該市獅子會成員之一，是當地工商社會的要角。李崇賀先生是科羅札爾有名的〝彩票〞經營者，自18歲移民到此，歷經辛勤的奮鬥，錢財滾滾而來。又因其票友眾多，能深入掌握當地人土地資源，這兩年來又從事土地買賣，成爲科羅札爾市的〝土地王〞。

本文所述僅代表華人在貝里斯移民奮鬥的一部份成功事蹟，尚有許多不可勝數的成功事例，未能一一陳述，爲遺珠之憾。

●金龍酒店

●Willian Quan&co.

# 十三、台灣來的驕傲

　　來自台灣的中國人,到貝里斯移民與發展,大約只有10年光景,至今實際在此生根者尚未超過300人。但,在貝里斯可是有名的族群,就是因為他們有名,造就了貝里斯成為台灣移民的新貴,踏上斯土者,與日俱增,預計到西元1995年底將達最高潮。

　　先期到此的台灣人,其最大的發展是辦理移民業務和土地開發,逐漸踏入工商活動與實業的發展,其成就雖不能以台灣經濟發展的角度來衡量,若以當地的水準來評價,是足以令人引以為傲,本文選擇各行各業代表性的人物,引用其成功的果實,為後人擬移民的新典範。

## ■第一任商務代表

　　在台灣人的記憶裡,田文伯先生　是台灣移民貝里斯的靈魂人物,是80年代初期,貝里斯駐中華民國的商務代表,負責簽證業務。筆者於西元1990年初第一次到貝里斯的簽證,就是到該處辦理的。直到貝國與我國正式建交後,指派新的榮譽領事,才終止其業務。田先生也投入貝里斯的養蝦事業,設立養蝦場,從養殖蝦苗到成蝦外銷頗具規模。養蝦專家謝允成先

●中華民國駐貝里斯大使館

生,是其主要的幫手,負責管理養蝦場。養殖業是政府鼓勵的行業,沿加勒比海岸,很容易找到養蝦基地。如南部的濱海城市丹格利卡(Dangriga),海水純淨,陽光充足,是養蝦之絕佳地區。貝里斯市郊有一家美國人投資的〝貝里斯馬雅水產養殖有限公司〞,發展孵卵、飼料和生產管理一貫的美國養殖技術使其商業化,獲得很好的經營利潤。該公司的經營範例中,說明一個200英畝的養蝦場,四個月為一期的養蝦收入$583,965美元,扣除營業費用和養蝦成本$251,028美元,總營業利$332,937美元,是一項很吸引人投資事業。國人對養殖業有專精者,或有興趣者不失為列入移民投資考慮的行業。

## ■赫赫有名的〝喬依絲〞

　　〝喬依絲〞(Joyce)在貝里斯,可用〝赫赫有名〞四個字來形容她的名望和成就。正如〝百里斯遊記〞的作者所言,在貝里斯國際機場的計程車司機,只要告訴他要找〝喬依絲〞小姐,就能載您到達目的地,可見她招牌的響亮程度,令人敬佩!

　　〝喬依絲〞的中文本名是林佩蓉女士,于西元1984年帶其長子到貝里斯當小留學生,踏開移民的第一步。由於林女士畢業於高雄文藻女子外語專科學校,西班牙語系,具有西班牙語和英語的專才,很快在當地打天下。直到西元1991年4月不幸腦中風邃逝,歷經7年的奮鬥時光,於貝里斯市郊北方高速公路6.5公哩處,她自力興建了〝芙蓉別莊〞,同時在西方高速公路37.5英哩,距新首都貝爾墨潘中央政府12.5公哩處,置產達10,963英畝(約4,568甲)的土地,擬開發為〝Joyce Town〞,正當其滿懷壯志,在新的土地上開墾建家園時,而離開人間。目前正由其夫婿蔡良八先生接手,規劃為現代化的完整都市,包含住宅區、商業區、輕工業區、遊樂保護區等,並預留大學、行政中心、文化中心、

國際貿易中心、飛機場、高爾夫球場等完整規劃，未來可容納50萬居民，將成為貝里斯甚至中美洲最美麗的都市。

蔡良八先生帶著三位孩子，持續在〝芙蓉別莊〞努力進行其愛妻的偉大計劃，期望能早日實現其理想，同時〝喬依絲〞女士的美麗、熱忱、親切、可愛的笑靨，永懷於〝芙蓉別莊〞。

## ■臺灣地主

〝臺灣地主〞是民國80年11月號光華雜誌給許文鎮先生的封號，因為許先生在貝里斯的土地，不計其數，分佈全國各地，而富甲一方。故此，〝臺灣地主〞之名，不徑而走。在眾多的土地中，位於西方高速公路38英哩處，正進行其第一期的造鎮計劃，國內推廣的〝貝里斯台灣凱悅新城〞，就是其計劃中的一環。

許文鎮先生是辦理〝貝里斯永久居留權〞的先驅者，今日國人持有的PR卡，有一半以上經過其手。因其政府關係非常良好，台灣許多移民公司與其配合，大量的宣傳與推廣，造就了台灣將近5萬人擁有貝里斯國的永久居留權，而且數量愈日巨增，其功不可沒。

許先生目前與洪東光和陳亞威兩位先生合夥設立營造公司，除服務其造鎮計劃的別墅建築，也服務於貝里斯的下一屆第一位來自台灣移民的貝里斯國會議員。

## ■友人的事業

當我於西元1990年第一次踏上貝里斯的國土，認識的第一位鄉親就是洪東光先生，有幸在其公館寄居三天，建立起至今的友誼。認識時，他移居貝里斯已年餘，是台灣來的移民中第一位擁有6000英畝以上土地者，要看其世界，必須乘座小飛機巡禮才能如願，可見土地之大，如果在台灣，一般人想擁有這麼大的土地是作夢也不可及的。目前其事業已轉移到營造業以及進口貿易上發展；位於貝里斯市的Mosul Steet設立公司及開一家食品超市，是中華食品總匯，成為華人聚集的所在。另一值得讚美的，是其夫人美食手藝高超，若想端午節吃到粽子美食，唯此一家，若想在貝里斯吃到好吃的牛肉麵，也別無分號。吃好吃的美食，在台灣是最普遍的事，但是貝里斯則可遇而不可求。每次在其家中作客，受到熱誠的招侍，享用最好吃旳美食，在他鄉遇故知，友誼誠可貴，非筆墨所能形容。看一看鄰國的日本，散居海外的僑民非常團結，每在一地能自成一社區，和睦相處，團結一體，能受到居住國的尊重。反觀中國人的移民社會，以各自為一體的心結，影響了許多的發展機會。以個人的感觸，在異國的風土人情中，大家能心連心，相互扶持，團結一致，以中國人的聰明才智，必能在貝里斯建立無數個〝中國村〞，媲美於現在名聞的〝德國村〞。

## ■有名望的企業家

位於北方高速公路約3.5英哩處，是貝里斯市郊新發展的高級住宅區。奔馳於北方高速公路的大道上，突顯路旁的白色高級別墅，是筆者第一次作客與主人陳亞威先生見面的地方。提及〝陳亞威〞三個字或許在貝里斯的許多社會人士不知其人，但〝Woody〞一名則是較為人知名號，其政、經關係在華人社會是屬知名人物之一。旗下經營〝Modern Company LTD.〞，擁有170位左右的員工，生產成衣外銷美國，是享有CBI法案優惠的受益者。另一項餐飲事業，位於貝里斯市〝Freetown Road〞的〝欣園自助餐館〞（Mandarin House Chinese Restaurant），環境典雅、清幽，美味佳餚是洽商生意、宴請好友的好餐館，也是華人聚會的好所在。多角化經營的著力點－－土地開發，又是Woody Chen的另一番事業，在北方重鎮科羅札爾地區，開發180英畝的別墅住宅區，目前與簡誌締先生共同經營，分享台灣移民，建立漂亮的家園。據筆者瞭解的訊息，觀光事業的涉及又是陳先生新的事業目標，經由良好的管道，正開拓貝里斯與墨西哥南部邊城的觀光點，帶給台灣人到貝里斯旅遊的好福音。

許多親朋好友，常問筆者一句話：移民到貝里斯要如何生存？陳先生成功的事例，是移民的典範之一。到一個陌生的國度，必須先熟悉當地的環境，廣交朋友，按個人的背景，取得〝著力點〞後努力奮進，必能開拓一片江山，困難點在於您有沒有跨出〝第一步〞的勇氣？正如俗語所言：〝天下無難事，只怕有心人。〞

## ■Kiss集團

當第一眼看到此名稱，會使人產生非份之想，為何將Kiss一字取名為事業商號？容易記、不會忘記、突顯事業的向心力，應該是負責人－－簡誌締先生的構思吧！事實上，它是經營旅館、電動玩具業和土地開發的企業體，在貝里斯市是響亮的名號。

貝里斯人能玩電動玩具，其開山鼻祖，就是人人稱為〝小簡〞的這位年青人之傑作。當第一台電動玩具從台灣登陸貝里斯，轟動第一大城－－貝里斯市，在缺乏娛樂設施的渴求下，成為小孩們的精神食糧，也帶給簡先生開創貝里斯移民事業成功的第一步，目前其機器已分佈全國各大都市，讓許多貝里斯人分享其樂趣。這項事業，目前由楊存廣先生協助掌理。談及楊先生也是一位十分有衝勁的年青人，在桔道市開設一家家具製造廠，配合建築業的興起，頗有前瞻性。

Kiss Hotel是簡先生的第二項成功事業，相信不少台灣去的朋友曾在此駐腳一宿，在貝里斯市屬於中型旅館，座落於Coner Mapp st. & Freetown Road的轉角處，交通便捷與欣園自助餐館隔鄰，讓住客食宿都方便。

〝台灣錢、淹腳目〞是台灣經濟發展奇蹟的寫照，到任何國家，有台灣人所到之處，土地價格就開始翻身倍增。故此，土地開發也是簡先生不落人後的事業之一。前文所提及在科羅札爾地區，180英畝的別墅開發區，就是他與陳亞威先生合作的第三項大事業。暱稱的〝小簡〞，年紀輕輕有此作為，令人傾羨，當然其背後有一位有錢的老爸支持是一大因素，然而本人精明幹練，膽勢過人，也是造就其成功的本錢。人緣佳，使他成為台灣小留學生心目中的〝簡大哥〞。看他手持〝大哥大〞，腰掛〝自衛手槍〞，開一部嶄新Jeep的架勢，有長江後浪推前浪之勢，使我自嘆弗如的感觸！

## ■大王與小王

貝里斯許多中大型農場，大都由英、美人士經營，從事畜牧的養殖，分佈於西部的卡優(Cayo)地區和北部的桔道省區。自貝國獨立後，英人從殖民的主人，逐漸撤離百餘年慘淡開發的產業。〝大王〞就在此背景下，自一對英人老夫婦手中接手一處中型農牧場，畜養肉牛300餘頭及上佰英畝農地，就當起農場主人的角色。該座農場，座落於貝里斯市到桔道市之舊有國道上，接近桔道市處，環境清幽，土壤肥沃，是很有發展潛力的農場。談及〝大王〞與〝小王〞兩兄弟，在台灣有顯赫的家世，父親在商界執牛耳地位，在優渥的條件下，兩兄弟會到貝里斯發展，令人敬佩！

貝里斯的華人社會提起王敬勳和王敬仁兩位，反不如〞大王〞與〝小王〞來得響亮。的確，在貝里斯的華人生活圈內，大多有其暱稱的雅號，可以說它是親切的代表，或是個人背景下的產物，那就因人而異了。

〝小王〞在貝里斯市是一位活躍的人物，早期經營汽車修理廠，而後又從事旅館業和餐館業，發達後設立土地開發公司，從事土地開發業務。其前景看好，因貝國可開發地尚不及四分之一已開發完成的土地，用於農業使用上，大片的國土以及移民公司的社區開發，其生意源源不斷。幹練的商業頭腦，使他又加入〝砂石〞行業，這是國家建設的基礎行業，潛力無窮。

## ■獸醫陳

經濟的繁榮與成長，會帶動休閒事業的發展，近年來台灣各地的遊樂區、鄉村俱樂部等休閒設施，如雨後春筍的蓬勃發展，在繁忙的工業社會中，舒解人們的生活壓力，帶給社會平和及快樂，其貢獻有目共睹。

〝貝里斯鄉村俱樂部〞就是在這種背景下成立的，〝獸醫陳〞（本名陳輝旭先生）是新近的台灣移民者，引用台灣經濟發展的方向，加入敏睿的生意頭腦，看準貝里斯的未來潛力，以台灣經驗在貝里斯實現他的事業王國。〝獸醫陳〞在此名號，得自台灣的事業，經營動物醫院，發達後移民到貝國，不忘對動物喜愛的背景，初到異國，即養畜駿馬，馳騁馬場，進而發展為台灣人經營的第一家鄉村俱樂部，位於貝里斯市郊西方高速公路8英哩處，佔地約30英畝，採會員制的經營型

態，假日開放觀光客遊樂。室外設施有跑馬場、網球場、籃球場、羽球場，室內有乒乓球、撞球及餐飲部…‧等，是調劑身心兼具運動、休閒的好地方，開幕年餘，營業項目逐步擴增中。

陳先生在台北的舊居與筆者的住所僅一街之隔，又在相隔一萬八千里的中美洲，再能重逢，有時會令人感嘆，地球那麼小，何處不相逢？走在貝里斯市的North Frout Steet，不時可遇見這對恩愛夫妻，為他們的事業在打拚，也令人欽慕，夫妻倆有前瞻性的眼光，在台北房價最高峰的時機脫手，轉移貝里斯發展一片天地，而他的購買者，同是與筆者毗鄰而居，且為了高額的房屋貸款在付利息。當然不能以此論斷，誰是成功的投資者？但，陳先生夫婦在貝里斯轉投資的事業以及他們的名望和生活的享受，留至台灣是無法享有的，確是明證。

位於西方高速公路6.8英哩處，第二家鄉村俱樂部於西元1994年夏誕生了，是由張銘德先生投資開發，鄰近海濱又有人工湖，景色優美，是渡假的勝地，整體規劃完成後，可提供高水準的服務，讓我們拭目以待吧！

## ■麵包王

或許讀者會質疑，為何人物中盡提及別號，而不講其本名，因偏名正代表台灣移民貝里斯者的獨特風格，還有許許多多的雅號，聽來叫人捧腹大笑！有的雅號是叫來親切，被稱呼者高興，有的別號且叫得讓人恨之入骨，還發生吵罵、打架等不愉快事故；今年初在貝里斯市就發生一宗腦火的事件，造成華人社會的困擾。但，〝麵包王〞的稱呼，卻已成為賺錢的商標呢！

這位〝麵包王〞大肚圓臉，人長矮胖，笑臉常開，像〝彌勒佛〞，做麵包手藝一級棒，人又親切，難怪麵包出爐時，客戶大排長龍，爭相搶購美味可口的新鮮麵包呢！說起〝麵包王〞的發蹟故事，可作為想移民者的新典範。兩年前王先生在移民公司的安排下，到貝里斯考察，原本在台灣職業專長是麵包師父，目前市場競爭的環境下，不是很得意的事業，想移民貝里斯又沒有其他專長和資本，遊逛在貝里斯市的街道上，一直在沈思，我若來此到底要發展什麼事業呢？不知不覺中肚子餓了，就近麵包店買個麵包充飢，一下口在職業本能的反應下，貝里斯麵包怎麼那麼難吃呀！腦筋一轉，立刻頓悟，來此開一家麵包廠如何？不正合乎自己的專長嗎？

憑其高超手藝的商品，一定比當地麵包好吃10倍，這一念之間，一年後打響〝麵包王〞名號，居住貝里斯市區的華人或當地人，對〝麵包王〞的美味，都會豎起大姆指，稱讚有加，而居在外地的華人，每到貝里斯之行，也一定光顧。難怪，只一年時間王先生就賺進一棟房子哦！商品線逐漸擴增，種類又多，生意是愈來愈興隆，若能再投入企業化的經營方式，不久的將來，必能成為全貝里斯國的〝麵包王〞。

## ■加油站

邁往貝國首都〝貝爾墨潘〞的西方高速公路30英哩，正是新近開通往丹格利卡市新公路的交會口，新開一家加油站，是黃德增先生的心血結晶 位於通往首都、卡優、丹格利卡等重鎮必經之路，其營業前景看好，他是台灣移民中經營加油站的第一人，若有機緣路過，不妨給黃老板加加油。

當然，還有許多來自台灣移民可敬可佩的成功事蹟，未能逐一介紹，說聲抱歉！相信有一天史學家會執筆記錄移民族群中堅苦奮鬥的成功事蹟，留傳後代子孫，分享先人的甘與苦。

# 十四、似曾相識的卡優（Cayo）風光

西元1994年4月貝里斯經濟發展部官員Mr. Alfred Ramirez到我國訪問，是筆者在貝里斯認識的友人，為盡地主之誼，約幾位好友，到紗帽山〝天祥溫泉餐廳〞，請他吃中國菜，因他喜歡吃魚，一魚三吃正合其口味。餐廳位溪澗河岸旁，小橋流水，景色美麗，自然又寧靜，給他很深的感觸，如沐浴在他祖國的Cayo風光裡，好高興！因為陽明山以及台東地區的景色和Cayo風光實在太神似了。我第一次到貝國Cayo地區旅遊的感覺，與同Mr. Alfred Ramirez的感觸不謀而合。難怪，許多台灣移民，看中Cayo農場的美麗景色，紛紛在此投資農牧事業。

Cayo是貝國靠西部的六大行政區之一，與瓜地馬拉為界。離海岸線72英哩（115.87公里）處，有San Ignacio和Santa Elena兩個知名的姊妹鎮，靠堅固而著名的吊橋Hawkes Worth連結，是架設在貝里斯河支流的Macel River上，橋上通行是靠貝里斯全國第一座紅綠燈管制，溝通兩岸約7000位居民之行。

奔馳西方高速公路，進入Cayo省區後，一望無際的田園景像，令人心曠神怡。四周環繞丘陵的盆地內，片片的柑橘園、花生園和家畜農場，使San Ignacio變成繁忙的農業中心。

● 似曾相識的景緻，心有同感，會心一笑

● 小橋流水相見歡

●著名的Hawkes Worth吊橋

●紗帽山上的天祥溫泉餐廳

●享用中國佳肴開懷暢飲

我國援助貝里斯的農耕隊，在此建立輔導據點，協助當地種植水稻，成績斐然。San Ignacio早期是糖樹、膠樹和桃花心木的載運點，隨木業的衰退，逐漸轉換為農業重鎮。

San Ignacio大多數鎮民，是混血兒和馬雅人，操著瓜地馬拉口音的西班牙語是其最大特色。此地也有黎巴嫩後裔的零售商人，是從遙遠的地方移居來此，有感當地的經濟機會、氣候、地勢坡度以及美麗且未遭破壞的風景，因此定居下來並求發展。筆者認識一位印度移民，四年前到此鎮做生意，今日已成為San Ignacio第二大名店。世人公認猶太人是世界上最會作生意的，其次是印度人。的確，今日貝里斯的商業活動，都主控在印度人手中。

●查南突尼克馬雅古蹟

Cayo有許多不錯的旅館，其地點適於鳥瞰松背山(Mountain Pire Ridge)區域的Xunantunich馬雅中心和較小的廢墟。旅遊行程中，在河中航行，叢林中步行，或乘坐輕型飛機，飛行觀景，吸引外來觀光客流連忘返。

著名的〝查南突尼克〞(Xunantunich)馬雅古蹟是貝國第二大馬雅祭壇廢墟，高130英呎，巍峨聳立於Mopan和貝里斯河交會附近。走西方高速公路距San Ignacio外8英哩處，有〝古意〞的渡船載您跨過貝里斯河西岸，路經崎嶇不平的碎石小道，十分鐘車程可到達古蹟現址，它也是貝里斯河流域最大的考古遺跡。筆者兩次旅遊都碰上考古學家帶領工人在挖掘新出土的祭壇，探索馬雅人遺留的文明史蹟。它，斑剝的遺跡，卻吸引無數的觀光客和考古學家，去尋幽探古。在那綠樹林蔭下，眺望Cayo勝景，共顯得滄桑、古意。往北方約1.5英哩是Actuncan馬雅廢墟，在古馬雅文明時期與Xunantunich廢墟，構成衛星都市。

●石碑上的雕刻銘文

環繞San Ignacio的丘陵地，往西到Bengue Viejo小鎮，有半打的獨立農莊旅館，每一農莊並非寄宿處，是具有特色的私人休閒處，遊客的活動包含有騎馬奔馳、河泳、參觀舊石器時代的遺跡、捕鳥以及划獨木舟之旅，享受觀光、娛樂和鬆馳身心，百慮皆忘，也是人生一大樂事！

●從古蹟眺望Cayo盆地之勝景

●跨過貝里斯河的"古意"渡船

貝維迪卡們（Benque Viejo del Garmem）是距離瓜地馬拉邊界管制站不遠的邊防小鎮，人口約3100人，鎮街房舍沿丘陵斜坡而建，構成一幅獨特的鄉村美景。許多外國學者遊客，喜歡在此駐腳渡假，享受寧靜的自然美景，以忘卻世俗的塵囂。有一位華人移民先進，人人稱呼他爲〝華仔〞的李漢華先生，於此鎮蓋一棟四層樓旅館（MAXIMS PALACE HOTEL & RESTAURANT），就是專門服務這方面的遊客。李先生是從香港來的年青人，30餘歲年紀在貝里斯赤手空拳闖出一片天地，令人敬佩。除旅館外在San Ignacio的山丘上，還擁有一棟漂亮的別莊，可鳥瞰San Ignacio & Santa Elena姊妹鎮全景，美不勝收。別莊是二層樓建築，二樓當住家，一樓則經營家庭式旅館（Rose's Guest House）有5個房間供遊客住宿，由其夫人掌管。這種家庭式小旅館，經濟實惠，在貝里斯十分流行，獲得遊客的喜愛與肯定。

●Rose's Guest House家庭式旅館外景

●Rose's Guest House家庭式旅館內景

從Benque Viejo往西行，是西方高速公路的終點站－－Melchor de Mencos，也是進入瓜地馬拉邊境海關管制站，柵欄一開，分屬兩個不同國界。一般國人的觀念，認爲兩國的交界，必定重兵防守，駐有荷槍實彈的軍人檢哨。實際上看不到軍人和警察，只有海關人員驗護照及查檢攜帶物品，兩地的居民可自由進出往來，看不出有國別之階，若世人不受戰爭的威脅，都能和平相處，世界多美好！

Melchor de Mencos雖不是觀光勝地，但是到Cayo的遊客，都會到此探尋邊境的神祕色彩，拍照留念，或許這是人類好奇感的驅使吧！

邊品嚐鷄尾酒和晚餐，也是人生一大樂趣，不亦樂乎！

在草屋廳堂中享用的是美國式、墨西哥式和貝金斯式混合菜餚，這晚餐的屋子是由當地所產的硬木所造，而屋頂是由海灣葉棕櫚所築成，構成一幅具非洲風格的建築。它承襲了早期在肯亞和烏千達之比利時人的風格。每一間農莊有墨西哥花磚，桃花心木床和供應熱水沐浴的私人浴室。這農莊有遼闊的空間，幾分鐘的步程中即可通過安全且清澈的瑪加河（Macal River），抵達具有異國風味的風景區。在農莊旁邊尚有遼闊的雨林和亞熱帶林地，可依靠獨木舟、森林步道或騎馬漫行，接

●從貝里斯進入瓜地馬拉之邊防管站

CHAA CREEK農莊別墅位於距San Ignacio市郊20分鐘車程之山丘上，是70年代後期比利時人Mick和Lucy兩位移民抵達貝里斯時，所建造了長期夢想的叢林住宅。當時，只是一個小規模且具成長潛力的農場，到西元1990年才正式爲貝國政府所承認的私有農莊。農莊建造在人跡罕至的瑪加河（Macal River）河堤上，其造景有幽僻之感覺，且整理成舒適而野生的自然美。您在農莊中不會發現有任何的電化製品，晚上在油燈伴隨著油燈它溫暖又柔和的燈光，一邊與朋友天南地北話家常，一

受大自然的洗禮。

貝里斯有超過300種定居的鳥和200種以上候鳥，尤以Chaa Creek的鳥類爲數不少。據〝The Carnegie Ornitnological Group〞的研究，在Chaa Creek農莊5英哩範圍內超過190種鳥類可供觀賞和鳥類專家研究。

Chaa Creek是一個舒解身心的理想環境，遊客的野外活動有小徑步行、捕鳥、游泳、泛舟、泛筏、騎馬或仿效〝The Panti Maya Medicinal Tral〞的內地探險旅行。

Chaa Creek內地探險是西元1980年新開闢的探訪貝里斯自然歷史之旅，讓遊客尋訪自然科學和知性的挑戰。其行程可安排兩天到兩週的一系列節目，其旅遊點有：

●Mountain Pine Ridge（簡稱MPR）——松脊山

MPR距Chaa Creek農莊約90分鐘車程，是一片美麗的波浪狀松木丘陵，林內有珍奇的動物，如白尾牡鹿、蘭花 Bromeliads 珍貴植物。其它著名的旅遊點有佛里歐洞穴(Rio Frio Cave)的巨大教堂地下室古蹟，自然游泳池、雷歐安(Rio On)峽谷以及壯觀的希登山谷(Hidden Valley)瀑布。

●Chiquibul Raniforest

是與MPR毗鄰而人跡罕至的廣闊叢林，在雨林和Pine Ridge丘陵地間的Upper Macal River河堤上，建造簡陋的叢林營地，從營地出發可作幾哩內的雨林探險，那兒有Tapir、Morelet's鱷魚及深紅色的金鋼鸚鵡，這些都是喜愛探險者的名勝之地。

●Tikal古蹟

Tikal古蹟是有名的古典時期遺址，距Chaa Creek農莊大約三小時車程的瓜地馬拉國境內，遺址位於Peten Lowlands之雨林中。Tikal是一個巨大而有魅力的考古遺址以及有豐富野生的生物圈，遺址範圍含蓋25平方英哩，包含3000個獨立建築物，到此一遊將令您永生難忘！

西方高速公路橫跨Cayo行政區，依山傍水，土地肥沃，氣候適宜，區內除田園之美外，沿途有許多風景秀麗的遊憩點，可以讓遊客享受舒暢之旅。Cayo靜謐優美，兼具山林、河溪和古蹟之美，是一條老少咸宜的旅遊路線。

旅居貝里斯的華人，假日常有三、五好友，在潺潺流水之中享受釣魚樂趣，或到渡假農莊，跑馬奔馳，或輕舟划游溪河，享受綠蔭、野花、蟬鳴相伴，另有一番情趣。走訪散佈各處的大小古蹟，讓您揭開馬雅文化的神祕面紗。四周山巒青翠優美，果園遍地，您可看到鳳梨、木瓜、芒果、柑橘、西瓜……等等許多甜美的果實讓您垂涎。這，就是馳名遐爾的Cayo，它滿足您的感性，還可增廣您的見聞。

●Chaa Creek農莊別墅

●Tikal古蹟

# 十五、Jeep（吉普）之旅

近年來，台北街頭到處可見到〝吉普車〞奔馳，眞是台灣經濟繁榮的寫照。休閒車蔚爲風潮，假日爲樂山樂水者的最愛。尤以越野吉普，爬山涉水所向披靡，〝拉風一嘎〞代表現代人休閒的風尚。

在貝里斯，吉普卻是適應地形地物的需求，讓車主享有休閒車之實，又兼具用在商業活動上。故此，吉普成爲貝里斯最實用的交通工具，也是貝里斯人的最愛，以擁有一部吉普車爲榮。筆者有幸與友人楊存廣先生共同分享〝拉風一嘎〞的吉普感性之旅。

蜂鳥高速公路是貝國四大交通網路之一，自首都貝爾墨潘(Belmo Pan)到東西部濱海城市丹格利卡(Dangriga)，共長50英哩，沿途景象與國內從花蓮到台東之省道神似，四周山巒靑翠優美，所經之地是貝國柑橘、葡萄柚、檸檬的最大產地，途中有兩家美國飲料公司在該地設廠，生產新鮮果汁回銷美國，由丹格利卡之深水港輸出。沿路滿山片野的果園，是當地果農的最大財富，靑翠的綠野，也帶給路經的遊客，最佳的視覺享受，看那迎風搖曳的果樹，它的美麗令人痴醉。這種綿延山脈的片片果園景觀，正是貝里斯特殊珍貴的農業資源。眺望點綴在沿途的迷你型村落，居住當地原住民自然過著恬淡有如世外桃源的生活，讓人不禁心神嚮往。

●Chaa Creek農莊之建築物具有非洲風格

●位於Cayo省區的Chaa Creek農莊別墅

●蜂鳥高速公路旁的柑橘園

●蜂鳥公路旁的柳橙園

奔馳扭曲蜿蜒的蜂鳥高速公路，約半小時路程到達藍洞國家公園(Blue Hole National Park)，是該公路上的第一勝景，公園內有一〝藍洞〞坐落在群巒環抱的山谷中，藍色的的洞水，深不可及，清澈山澗，流水潺潺，溪中滿是小魚群，到此的遊客，會情不自禁的脫下外衣褲跳入溪中，沈浸冰涼的溪水中，享受它的清涼，好不愜意。有次，筆者帶家人到此遊玩時，碰上一群英軍帶女友來旅遊，看我們在溪中玩得快活，他們個個脫掉外衣褲參加溪泳的行列，其女友也不例外，穿著T恤及三角褲，躍入溪中游得不亦樂乎，上岸後T恤瀟灑一脫，在扭乾濕衣服的同時，上空美女著實讓我們一行大飽眼福，至今還令人回味無窮。在貝里斯有兩處〝藍洞〞馳名於世；陸上的〝藍洞〞就是上文所述者，面積不大，洞水呈藍色而深不可測，溪中繁殖許多高級魚類，浸浴在此山澗溪

▼位於蜂鳥公路旁的陸上〝藍洞〞

水、綠樹、林蔭下，靜謐、清幽，對任何一位飽經世俗之爭的凡夫俗子，都會達到百分之百的忘卻塵囂之感。

海上的巨型〝藍洞〞(Great Blue Hole)，位於珊貝多鎮外海2小時船程，在燈塔環礁的中央內，於西元1960年代被賈克科斯托(Jacques Cousteau)所發現，藍洞有1000英呎直徑之正圓，由一個含有鐘乳石大而深的凹處下陷400英呎，呈現於大海中的奇景，它的環礁之美舉世著稱，吸引不少觀光客乘船一遊。

在藍洞國家公園的另一奇景是鐘乳石洞，離公路旁約0.5英哩處，在陡峭的山壁下，四周古木參天，筆者到洞口附近，因整修中封閉，未能一賞奇景，為此行之憾事。

在國家公園步程約二小時的危峻山林中，有貝里斯僅有的一處希登山谷瀑布(Hiaden Valley Falls)，在峭壁中直瀉1000英呎，據聞十分壯麗，因位於偏遠山區，非常不易到達。

●位於蜂鳥公路之藍洞國家公園（入口處）

▼位於燈塔環礁中世界馳名的海上〝藍洞〞

蜂鳥公路的終點站，是貝里斯東南濱海的一顆明珠——丹格利卡市(Dangriga)，從空中俯視，白色的海灘，筆直的街景，好美的一個城市，市區被The North Stann Creek River分割為南北鎮，也提供到離岸海島或鄰近森林一個好的出發點。從資料顯示，人口8100為貝國第四大城，離市中心半小時車程有一深水港，是貝國柑橘外銷的最大輸出港，也帶給該市繁榮的商業活動與機會。濱海沿岸，純淨的海水，充足的陽光，是養蝦的絕佳地區，也正吸引著國人到此投資養蝦事業。

●希登山谷瀑布
▼俯視Dangrga漂亮海岸線

●蜂鳥公路進入市區之街口處

行程中拜訪友人楊先生的好友Mr. Johnny Chee，是移民先驅朱錦華先生的長公子，自小在貝國成長，只會講英語和廣東話，目前經營一家〝Reus Restaurant〞中華餐館，位於Vincent St.主街上，佔地數佰坪，是一棟古老的英式建築，別有風格。在丹格利卡市有五家華人經營的商店，除餐館外，尚有日用品與五金店。該市因有海路的運輸，也是早期移民的發蹟地。隨後陸地交通網的建立，移民群才逐漸轉遷他地發展。

●Jeep爬山涉水最拉風

談及早期的移民發蹟地，另一處是最南端的濱海城市——彭達格爾達(Punta Gorda)，人口約3000，是貝里斯香蕉出口的集中地，自丹格利卡到該鎮的南方高速公路沿途是香蕉盛產地，是貝國三大農業資源之一，正吸引台灣的移民投資者，購買大片的香蕉農地，準備以台灣培植技術在此發展，讓我們拭目以待。

此行回程出丹格利卡市，走新公路直往西方高速路30英哩交會口進發，沿途公路平坦，但人煙罕至，因新路的開發，果園和農牧場也隨之興起。沿路奔馳，很少碰到車輛，萬一車況出問題，真是叫天天不應，呼地地不答，不是很好的車輛，雖然風光明媚的景緻吸引您，也千萬別冒風險，這正是有心縱橫貝里斯各地快樂行的問題點。吉普是最佳的選擇，但也別忘行前的檢查與保養，才能安心的駕御，享受馳騁的樂趣呢！

▼筆者夫婦與Mr. Jonny Chee位於濱海的白色沙灘上合影

# 十六、探訪人間仙境－－拉瑪奈(Lamanai)

新河(The New River)是貝里斯北部重要的河道，從中北部山丘往北經桔道市流入科羅札爾灣，其中上游處有一28英哩長的湖泊，稱為新河湖(The New-River Lagoon)，碧玻蕩漾，景色優美，最迷人的〝拉馬奈〞(Lamanai)馬雅古蹟位居岸邊，吸引無數的觀光客，探尋湖泊和古蹟之美。

● 位於Cayo省的Xunantunich馬雅古蹟

● 從Lamanai馬雅古蹟鳥瞰新河湖

拉瑪奈古蹟是貝里斯的四大古蹟之一，與卡拉口(Caracol)、查南突尼克(Xunantunich)、阿頓哈(Altun Ha)齊名。但，探訪過的遊客，都會說：拉瑪奈古蹟最迷人而具誘惑感，有如人間仙境。

拉瑪奈古蹟離貝國第二大城－－桔道市約35英哩，有兩條路徑可抵達，一條陸道，一條水道，從桔道市走陸道，因路面顛簸不平，約需2至3小時路程，走水道約一小時可到達。行前友人告之，坐船沿途風景優美，兩岸零污染的自然環境及各種野生動物活躍。故此，我們一行選擇水道探訪拉瑪奈馬雅古蹟。

離桔道市約1.5英哩，北方高速公路與新河的交會處，有一所貝里斯全國唯一的收費站，每輛車繳費BZ$0.75元。站旁有一處美麗的小湖，是旅遊公司的營業站，可包租12人座的快艇，導遊兼駕駛，服務親切，來回行程每人BZ30元，走訪一遊定能值回票價。

● Altun Ha馬雅古蹟

● 位拉瑪奈古蹟之登船小湖

●數百隻魚蝙蝠寄居在樹洞內

●蘭花和仙人掌攀緣枝幹上、水裡荷花片片

●新河岸上的德國村

快艇駛出湖口，見〝蜥蜴〞（當地人稱牠為基督耶穌）飛快過河的奇景，就激起此行的興緻，當敝蓬快艇飛馳在新河上，乘風破浪，氣勢恢宏，河風吹拂，涼意沁心，令人心曠神怡，一路峰迴路轉，彎曲蜿蜒，兩岸古木參天，野花、鳥鳴相伴，真可讓您暫別塵世的煩囂，生平第一次全家如此暢遊，永生難忘！

河岸邊長滿荷花，小花綻放，隨波蕩漾，構成一幅美麗的畫面，看那漂亮的〝嫁卡娜〞鳥，佇立荷葉上，當快艇急駛，驚嚇飛翔，展翼彩色的羽毛，太可愛了。途中停船在一顆大樹旁，佈滿了〝魚蝙蝠〞，第一次見聞真稀奇，在河彎中也有鱷魚、大鳥龜，陣陣的魚群自不在話下，船行中可見三、二釣客，划行獨木舟，靜靜垂釣，多愜意啊！古木攀緣仙人掌及蘭花，處處可見，沿河的古木其枝幹造型獨特，令人讚嘆天然藝術之鬼斧神工，若有心人取材加以應用，稍加設計與創意，可成為裝飾藝品。

船程一半時，可見岸旁著名的德國村，在二次世界大戰後於西元1950年代移居中南美洲的德國逃難戰犯，一部份定居貝里斯，落葉生根，從事農業、牧業及桃花心木的砍伐。在貝國有五個〝德國村〞，過著與世隔絕的生活，自己開闢道路、發電、務農及教育，自成一族群，〝Mennonite〞就是這個族群的代名詞。在桔道省區，就有三處德國村散居於此。

走訪德國村還可看見馬車奔馳鄉間道路上，男人身穿吊帶褲，頭戴草帽，婦人身穿大圓裙，一成不變，獨樹一格是他們的標幟。

筆者定居的科羅札爾市每週五可定期看到來此趕集的Mennonite人，載運獨立製作的家具或養殖的牲畜，到市區販賣，都講道地的西班牙語。但，他們尚堅持保有德國人的血統，不如一代的隱憂，日耳曼民族的優越感，至此表露無遺。

沿岸的德國村小孩，悠遊自在地在河中戲水，天真無邪的與遊客招手歡呼，岸上一排排簡陋的房舍，翠綠的農田，他們享受與世無爭的田園生活，也令人敬佩。

船行一小時二十分，進入新河湖上游，頓覺碧波蕩漾一片湖海，快艇急駛其中，快意自在有如醍醐灌頂一般。雖經一小時餘的驚險之旅，身處其境，別有一番滋味。快艇徐徐靠岸，盡入眼簾的是兩座草屋涼亭，岸旁豎立一塊"Welcome To Lamanai"的招牌，倍感親切。正逢中午時分，每人飢腸轆轆，自備的午餐派用上場，一面飲食，一面聽導遊介紹拉瑪奈的典故。一旁住了幾戶馬雅人家庭，在此提供馬雅藝品及飲料服務，正統的馬雅後裔，講西班牙語，跟台灣原住民十分神似，屬於矮胖體型，看那販賣藝品的十三、四歲小女孩，長得十分標緻漂亮。

●涼亭成為遊客休憩與導遊解說之服務場所

"Lamanai"是真正馬雅人的命名，在西元前1500年馬雅人到此定居，建造神殿。歷經數百世紀，神殿已變成廢墟。但，導遊告訴我們，至今尚有馬雅人落居於此，因此還不能算是真正的古蹟。

導遊解說中來到〝馬雅博物館〞(Lamanai's Precolomaian Arts Collection)，這是貝里斯僅有的一家馬雅博物館，保存已出土的馬雅文物，以陶器、玉器為主，將馬雅人崇拜的「豹」雕刻在各類器皿上，尚有人頭標誌、雨神、太陽神，充分表達當代馬雅人的信仰與生活形態，按不同年代的各類文物，逐一展示，是史學家研究馬雅文明的憑證，也讓遊客品賞，多一份對古代馬雅人生活風俗的遙想。

●馬雅博物館內展示的古物

走訪方圓一英哩的馬雅古蹟，以步道行之，羊腸小徑在原始山林中穿越，看各種飛鳥越過林梢，是挺新鮮的〝旅歷〞。散佈林中的掃帚樹，帶給馬雅人很大的貢獻，樹葉可供蓋草屋及當掃帚用，樹根汁可治療被蛇咬傷，樹皮還可治皮膚外傷。

談到〝蛇〞，在貝里斯有54種不同蛇類，其中有九種是毒蛇，因貝國屬熱帶雨林，野林遍佈，是蛇出沒的地方，旅遊時小心被蛇咬，這是導遊再三交待的事。大樹上穿梭的小紅猴，是貝國的稀有動物，靈巧的身手，要很專注才能看到牠的踪影，成群在樹梢飛躍，構成一幅美妙的動物世界。林中還有絕妙美麗的〝藍冠〞——Mot-Mot(Blue-Crowned Mot-Mot)和珍奇的松鼠－Coo-Coo，來回掠過天空，導遊不忘時時提醒您多觀看Lamanai的叢林美景。

Lamanai是被考古學家David Pendergast所發掘，其迷人之處，是將貝里斯的歷史縮圖在一平方英哩之內，從前古時期Mayan文明的遺址，16世紀的西班牙教堂以及西元1860年代的蔗糖製造工廠，您可以看到一千多年來當地歷史的演繹過程。組成五座神殿的都市中心，有超過50000人口以上的全盛時期。事實上他們從未衰微，反倒持續的繁榮和擴展，直到，7世紀後期，遭受大量歐洲人殘害，最後馬雅人受擾亂，導致放棄這塊遺址，而今日卻成爲後人回顧的古蹟觀光勝地。

導遊帶我們進入第一座人像神殿，在古蹟廢墟前的茅屋內，有一座石雕馬雅貴族名士的人像，以馬雅文字記錄貴族從出生開始的點點滴滴，都雕刻在石碑人像內，這是前古時期的馬雅文明。參觀的第二座神殿，是家庭型的廢墟，在馬雅時代就有地下室的建築構想，而有地下與地上的建築城堡，代表當代的文明。第三座豹的神殿，建造於西元前780年，高80至90英呎，神殿的結構中，建造〝豹〞的頭部造型，這是馬雅人的精神指標，因美洲豹是馬雅人最寵愛和尊敬的動物，給牠神化了。

▼導遊指出神殿中豹的造型

The Mask Temples古蹟前的廢墟中有一座中國的太極圖案，其所象徵的意義是在紀元前200年，中國的文化已傳入貝里斯，這幅太極圖是雕刻在一座石椅上，是當代貴族的座椅，是威權的統治者。導遊還特地清除雜草，讓我們一行坐在石椅上拍照留念，享受一下古馬雅時代的貴族風範。

第四座神殿〝The Mask Temples〞，代表權威馬雅神怪異的臉，從驕傲聖堂土墩的外表沉默地凝視著。在聖堂的面像，是一個臉露出前牙，有精巧鱷魚圖象的飾頭巾和巨大耳環，這不是馬雅神，只是一個人類的肖像，當馬雅人增加更多權力和財富時，使得他們成爲貿易和政治的領導者，最後重要人物的雕像，代替了公共建築物中神的臉。

〝The High Temples〞是此行參觀的第五座神殿，建造於西元前100年，高度120英呎，是貝里斯馬雅古蹟中屬於第3高的神殿，它有令人印象深刻的階梯，以超過45度的角度高達金字塔形的中央，爬梯十分困難，它所代表的是一崇高的台，在主持重要儀式時，祭師展現威嚴地登上頂端。今日，觀光客爬上頂端，眺望景色宜人的〝新河湖〞（The New River Lgoon），看到藍而寬廣的水，流經其下，另一邊則是蒼翠茂盛的叢林廣延到海平線，彷若仙境。涼風徐徐吹來，立足其上，觀賞其景，令人神清氣爽，飄然物外。

●楊存廣先生坐在太極石椅上

●The Mask Temples

在Lamanai迷人之旅中，建於西元1860年代的蔗糖製造廠以及16世紀的西班牙教堂，也是參觀的重要旅遊點，只因時間的不足，未能一覽無遺，是此行之憾。

踏上歸程，敞蓬快艇再度飛馳新河，乘風破浪，抓緊船舷時，腦海裡呈現所走過的一景一物，乘船悠遊湖面Lamanai之旅對台灣觀光客永遠有浪漫新鮮的吸引力，讓我永難忘懷。

▼The High Temples

# 十七、圓寶山探險記

站在科羅札爾市(Corozal Town)海港提防，向科羅札爾灣東北眺望，位於新河出海口有一座〝圓寶山〞，其名在貝里斯的地圖上沒有標示，事實是筆者一位好友徐小鳴先生給予命名的。從遠處眺望其高聳的樹林，有如中國金元寶的造型，故此命名之。有此典故，而呈現一幅神秘面紗，令人有窺探之慾。徐先生是一位對易經頗有研究的堪輿家，以其專業的職業能力，認為該處風水絕佳，是一塊極具發展潛力的寶地，而激起我們探險的興緻。

我們一行六人乘小型馬達遊艇往新河(The New River)下游出海口進發，航行科羅札爾灣20分鐘船程，進入新河口湖溯流而行，據船主告之，此地是最佳釣場，河與海交會，魚類豐饒，常有三、二釣客到此垂釣，並充分享受引〝魚〞上鉤的樂趣。不覺中看到一條大魚隨船而游，真是百聞不如一見。入河約十分鐘後往新河支流航行，最為驚險，隨小溪迂迴前進，茂林扶疏，青翠蓬勃，頗有夢中亞馬遜河的景象，原始、奇幻，探險熱帶雨林中的驚異傳奇之感，突然，群鳥振翅飛翔或猿猴攀盪林梢，在清幽空靈的境界中，讓您心領神會些許的悸動。悠遊前進，此時此刻，溪風在您的耳畔傾吐著它的傳奇，好鳥相鳴嚶嚶成韻，蟬則千囀不窮，在此擁有醉人風光的原始小溪，令人心馳神往，不覺中沈浸於視覺及聽覺的宴饗之中。穿梭蜿蜒小溪，一湖清水映入眼簾，來到

〝Saltillo Lagoon，此湖形狀有如幾何學上之三角圖形，景色壯麗，清幽寧靜，碧波蕩漾，繞湖急駛，乘風破浪，處處都令人驚歎，使人置身於此，彷彿進入一個世外桃源之地。俗云：〝人外有人，湖外有湖〞，船主告之，離此約20分鐘船程，名為〝Cudjoe Lagoon〞更是神祕迷人，又激起探祕的好奇。船行中真是時時可獲驚喜，幾經轉折，來到壯麗宏偉的〝Cudjoe Lagoon〞，觀賞整個湖景，湖水綠茵，狹長形的湖泊，遠遠眺望，在南端一孤島聳立其中，若建一座別墅在島上，偶爾過著世外桃源的生活，也是人生一大樂事。水晶般清澈的湖泊，在船舷撥弄湖水，冰涼快意，沿岸草木扶疏，鳥語花香，至今能夠保持原始的風采，身處其境，讓人流連忘返。如此人煙罕至的神祕地方，您會發現水質無污染且風景迷人，所謂真文明人所嚮往旅遊之地。若規劃為一條探險之旅，必能名聞遐邇，成為知名遊點。

駛出湖口，蜿蜒的河流，小艇緩緩而行，溪岸景物擦身而過，倍添您遊河的旅趣。享受迎面而來的，用心傾聽美妙的天籟之音，偶爾林野中傳來野獸的呼嘯，偶爾群鳥驚叫，此番自然野趣，不但人生難得，亦非親自走訪，絕對難以想像得到。出了新河口，難怪吾兒，直呼過癮，希望再來一次，充分享受大自然原始的洗禮。這趟驚險刺激之旅，只是新鮮〝旅歷〞的第一站。

離新河口約2英哩處有一座〝Cerros〞馬雅古蹟，來此探遊需換乘，2人座以上的遊艇，航行科羅札爾灣較安全。古蹟座落在海岸邊，有一小碼頭可泊船上岸，白色沙灘，椰子樹林，迎風搖曳，清涼無比。仰望馬雅古蹟之教堂祭壇，高約69英呎，巍峨聳之於海岸上，攀登峰頂，遠眺科羅札爾灣，碧波汪洋，快艇飛馳，構成一幅美妙的海景。再鳥瞰科羅札爾市，雲霧罩蓋下，自有一份朦朧美感。古蹟四周，靜謐、清幽，在一覽無遺的視野中，看到古蹟之美，陽剛壯麗，多愜意啊！觀賞完古蹟，坐在椰子樹幹上，看那激起岸邊的小浪花，會令人遐想幾千年前馬雅文化的偉大。也同時給了憩腳聊天的天地，充分享受一個完全無人打擾的輕鬆旅遊，讓人遺世獨立的感覺，油然而生。好友徐小鳴先生談及若能在此興建馬雅博物館，觀光旅館，讓遊艇穿梭科羅札爾灣，〝Cerros〞馬雅古蹟將可成為旅遊勝地，就讓我們期望有這一天的到來。探訪〝Cerros〞古蹟，此行的第二勝景。

離開Cerros古蹟，沿科羅札爾灣海岸急駛，眺望岸上景觀，綺麗且巧奪天工，美景一一全入眼簾，乘風破浪的愜意，心醉癡迷。航行約五十分鐘，到達離貝里斯國土東北角最頂點(Rocky Point)不遠的第三個旅遊點〝Sarteneja〞，一般人稱它為〝小貝里斯〞。船停靠簡陋的碼頭，潔白、柔細的沙灘，盡入眼簾，水晶般清澈的海水，激起岸邊的小浪花，美得令人歎息，讓人情不自禁的想下海逐波戲浪，畫去世俗沾惹之塵囂。Sarteneja屬小型村落，居民和善悠閒，以討海為生。家家戶戶都有設置網狀吊床，仰躺其上，隨著海風徐徐吹來，搖呀！搖呀！自得其樂與世無爭的生活，若以吾人過慣煩囂的塵世生活相比，真可形容他們享盡人間天堂的居家樂趣，貝里斯人嚮往恬淡自然的本色，與國人追求拜金主義的寫照，截然不同。金錢可帶給人們富裕的生活享受，然而怡淡自然的生活，不更是人們所追求嚮往的嗎？

離村落約20分鐘車程，有一座蝴蝶花園，孕育貝里斯數百種各類的蝴蝶供人觀賞，四周環境保持原野的自然風味，是非常值得探訪的遊憩點。

〝小貝里斯〞／Sarteneje之美，在於加勒比海的海水，明亮清澈如鏡，祥和靜謐，在蔚藍天空的映襯下，看海鳥飛翔，看漁夫撒網，充滿自然的魅力，讓您沈醉其間，樂在其中。同時，看到古意的民俗，恬淡的生活，也令人神往。

旅遊Sarteneje，除水道外，另有一條陸道旅遊線，出發點有兩條支線；一為從Corozal出發往Caledonia前進，路經La Libertad糖廠。此線最讓人津津樂道的是穿越新河時，採用傳統的人工渡船，汽車開上渡船後，用手動滾動拉動吊索，渡船緩緩駛往對岸，因新河尚需維持水道船隻航

行，故此採用渡船方式，可獲一舉兩得之效益。另一支線從桔道市出發，在San Estevan兩支線再會合，直往Sarteneja約需3小時路程，路段崎嶇不平，時好時壞，但處處可見盎然的綠意與田園之美，也令您賞心悅目。

路途中會經過一個〝德國村〞，廣大的田園，規劃的井然有序，翠綠的農作物，隨風搖曳，其中點綴著三二村姑所戴著的花邊草帽，大花圓裙，熟練的採收果實，構成一幅如詩如畫的田園景像，好美哦！在路上偶爾碰上戴著有如西部牛仔的草帽，穿著吊帶褲的Mennonite男生，駕著馬車，載運農產品，路過時親切的與您打招呼，又有美國西部拓荒著的景象。他們任勞任怨，獨立自主的生活精神，在貝里斯形成獨特的風格，已名聞遐邇，吸引無數觀光客，探訪的旅遊點。

綜觀圓寶山探險之旅，可經歷夢幻中亞馬遜河的原始、熱烈、奇幻的探險景象，以及泛舟醉人風光的原始小溪，又可看到馬雅文化的遺跡，欣賞陽剛壯麗的古蹟之美。在碧藍天空的映襯下，乘風破浪，迎享清風，眺望美景，舒暢快意多逍遙。漫步潔白、柔細的沙灘，觀賞海鷗飛翔，看加勒比海碧波汪洋，海風吹拂，涼意沁沁，令人心曠神怡。如此逍遙的「旅歷」，對任何一位飽經世俗之爭的凡夫俗子，都會達到百分之百的忘卻塵囂之感。

●新河上水陸兩用的渡船

# 十八、海龍鼻上的城市

翻開貝里斯地圖，國土北部與墨西哥尤卡坦(Yucatan)半島所形成的海域，仔細詳端，可發現中國的吉祥動物〝龍〞的頭部形狀，自頸部以上清晰的顯現出來，好友徐小鳴先生稱牠為〝海龍〞。從地圖上觀察科羅札爾灣(Corozal Bay)正是海龍的鼻與嘴部位，形狀栩栩如生，維妙維肖。故此，筆者將位於科羅札爾市暱稱為〝海龍鼻上的城市〞。據徐先生以堪輿家的角

度預言，這隻潛龍之靈氣已開始顯現，自龍眼部位開始往下發展。故此，墨西哥之南部邊域〝查特瑪〞(CHETUMAL)市，位於龍眼部位，30年前較貝國之科羅札爾市落後，就因龍氣帶動的關係，今日已發展為20萬人口的漂亮都市。貝國人民的商業交易活動，大多往〝查特瑪〞採購，增加其繁華景象。依徐先生3年前（西元1992年）之分析，預言5年後，科羅札爾市的興

起，會逐漸超越貝里斯市。當時，吾人聽來有不以爲然的感覺，然而自前年（1993年）下半年開始，有許多台灣新移民的目標，已逐漸往科羅札爾發展，至去夏市區內，處處可見台灣來的人潮，有的已　定居，有的正在探訪評估，可預見的到今年底，往科羅札爾的新移民將會達到高峰。回顧三年前徐先生的預言，一步一步呈現眼前，不得不讓人敬佩。

綜觀科羅札爾區，瀕臨科羅札爾灣，有加勒比海的貿易風，氣候適宜，漁產豐饒，土地肥沃，是貝國甘蔗農作物的盛產地，水果又豐富，自然景觀清幽，實屬風光明媚之地。交通方便距離貝里斯市之公路有85英哩（136.8公里），離墨西哥邊界只有10英哩（16.1公里）。其北方高速公路直通墨西哥南端濱海都市——查特瑪（Chetumal），無論以商業活動或工業發展的角度，科羅札爾市有其天然絕佳條件之配合。例如資源的取得，商務的推展，墨西哥有九千萬人口的潛在市場，是最大的吸引力，加上墨國與貝國雙方關係非常良好，以科羅札爾爲據點的拓展方向，具有潛力與前瞻性。科羅札爾市目前約一萬人口，民風純樸，人民和樂，治安又好，走在街上無論各色人種，都會親切的〝Say Hollo〞，沒有種族歧視，是不同於別的移民國家也。

中央公園是科羅札爾市的精神堡壘，公園內有一對磚砌的支柱，是古代用以防禦的建築，以保障居民的安全。此城曾被Mayan攻擊者從Yucatan手中掠奪過來。

●Corozal Town

●中央公園

在科羅札爾市政廳內的壁畫，是由一位現住在查特瑪的貝里斯藝術家——Mannel Villamor Reyes於西元1953年所畫，這壁畫展現出由Yucatan逃出來的Mestiro難民在科羅札爾殖民情形。西元1986年Villamor決定重畫這幅壁畫，展現科羅札爾在墨西哥革命這個偉大的時代裡，科羅札爾的藝術家仍保存傳統的歷史。描繪出馬雅人在殖民時期北貝里斯人對他們經濟剝削所引起的抱怨。有機緣到市政廳時，不如親自觀賞Villamor之名畫，您將會對貝里斯的文化有更深一層的了解。

　　墨西哥式聖日稱為〝Spanish〞，由說英語者所提供之地方性慶典節目。帶給生活在科羅札爾市居民各種不同的活動。例如聖誕節、嘉年華會和哥倫布日等，這些拉丁美洲西班牙語系所共同保存的節日，加上貝國的獨立日慶典，是科羅札爾市民的盛會。每逢佳節各式各樣的花車遊行，在熱門音樂的鼓譟下，市民隨興加入街舞行列，邊舞邊遊街行，充分顯現貝國人民的豪爽與熱情，尤其年青的少女們，表現雅緻的氣質與風情，會帶給您難忘的回憶！

●Corozal Town市政廳內著名壁畫

●慶典中的花車遊行

●慶典遊行中的街舞行列

位於科羅札爾市西北方約一英哩處是〝仙塔列塔〞（Santa Rita）古蹟，被科羅札爾市一醫生〝Thomas Gann〞首先發現，古蹟內有無遮蓋的帶狀飾品雕刻及塗以灰泥的壁畫，以及近古時期埋葬的陶器和翡翠寶石。Gann醫生暗示Santa Rita古蹟是在Yucatan的馬雅文明中心，屬於海岸崗哨的一環，依據其歷史，沿著海岸線的烽火傳遞是高速傳達訊息的方法。Santa Rita的雕飾是更早期的產品，有些陶器在西元前2000年被保存下來。一個前古期（AD300年）的墓穴在西元1985年被Diane & Arlen Chase發掘，顯示有些物質是貝類和黃貂魚的脊椎所形成，骨駱用玉和雲母寶石所裝飾。從這時期埋葬的統治者（配帶墨西哥高貴的黃金耳飾品）來評價，Santa Rita可能是該時期最有權力的城市，更可確定它是在西班牙征服前，這段期間最卓越的城市。此城市的界境一直延傳到今日的科羅札爾市，要去Santa Rita古蹟，往科羅札爾市沿北邊道路到San Antonic方向前進，這古蹟是在兩條公路之間，而橫過CoCo Cola公司之倉庫處，目前古蹟有人看管，參觀時需收取管理費，比起貝里斯其他馬雅古蹟，通常給人的印象並不深刻。

出科羅札爾市走主公路往西北10英哩處是Santa Elena，為貝墨邊界管制站，兩國以Rio Hondo河為界，走過Intennational Bridge鐵橋即進入墨西哥國境。因河面不寬，約10公尺左右，成為偷渡客的天堂。有一次筆者到科羅札爾區移民局長的家中拜訪，他拿出30幾本中國大陸護照給我看，這些都是偷渡客遺留下來的傑作。一般大陸籍偷渡客，是由中國大陸往歐洲繞到巴拿馬進入貝里斯，再透過地下人蛇集團偷渡墨西哥，往北走進入美國邊境，再伺機偷渡進入美國，成功機率不是很高，但有心人還是勇往直前，造成三國之間的棘手問題。

●Rio Hondo河上的鐵橋

●貝墨邊界之
International Bridge

一般貝里斯國民進入墨西哥邊域——Chetumal，手續十分簡便，每人申請〝邊防證〞，只要到海關櫃抬蓋個印，就可進出墨西哥。若是中國移民領有貝里斯護照，需住滿三年後，才能持用〝邊防證〞進出墨西哥，這是墨西哥政府對中國移民較嚴格的要求。

從科羅札爾市到Santa Elena是北方高速公路的末段，途中路過〝Fore Mile Lagoon〞，此湖之形狀與台灣島形神似，景色宜人，假日許多遊客到此乘船悠遊，或在岸邊營地烤肉、湖上戲水，是一處極佳的旅遊點。湖邊沿岸的土地具觀光價值，又成為有心人炒作的目標。

貝國政府在Santa Elena提撥50英畝的土地，規劃為自由貿易區，增進墨西哥與貝里斯的經貿活動，於西元1995年開放區內免稅的貿易活動，對科羅札爾地區的發展與繁榮，具有極大的助益。

Consejo位於Corozal市東北角，距市區約10英哩路程，是政府規劃的觀光發展地區，與Chetumal隔海相望，環境清幽、美麗。是加拿大人開發的社區，區內沿海而築的是令人驚嘆的大別墅。這位加拿大開發者原是貝國政府雇用的土地測量官，得自職業的敏銳性，判定Consejo地區，氣候宜人，土地平坦，又面臨西洋人最喜歡的大海，退休後利用十年時間潛心盡力開闢出可容納千戶的別墅社區，每年秋冬美、加避寒遊客，把原本清冷的海濱社區，變為熱鬧的渡假勝地。

近Consejo約2英哩處，政府闢建一處新機場－－〝Corozal Consejo Airport〞，是屬於觀光型機場，適用乘載40人左右的短程區間客機為營運目標，規劃重點在墨西哥、瓜地馬拉、貝里斯等三國的觀光點。目前趕建中，完成時將提升科羅札爾地區的觀光地位。

●墨西哥邊城Chetumal街景

●Consejo社區內的
　別墅

連結Corozal與Consejo的Corozal Consejo Road，目前成為台灣新移民購地的熱門地段，沿路約有一半的土地已轉入台灣人的手中，而且逐漸增加，不久的將來Corozal將成為台灣人的天下。

新移民者最關心的教育問題，在科羅札爾市可提供良好的就學機會。從科羅札爾市第六街往Xaibe Village車程約5分鐘與Santa Rida Road交會處，是一所C.C.C中學(Corozal Community College)是全國排名第二的優良學校。另一所學校是〝Belize Ad-ventist College〞，離市區約15分鐘車程的北方高速公路旁，中學部是四年制，另設置有兩年制的專科部，是一所教會學校。第三所中學位於Corozal與Orange Walk之間，名為〝Escvela Secvndaria Mexico〞，是墨西哥政府援助經費的四年制中學，從Corozal出發約25分鐘車程，上下學有校車行駛，就學十分方便。小學屬義務教育，一般學校都附屬在教會內興辦，在Corozal地區有幾許不錯的小學，可供選擇就讀。綜觀教育方面，Corozal地區是新移民理想的選擇地。

科羅札爾市／Corozal Town，其各源自一種棕櫚樹。市區靠科羅札爾灣沿岸往內陸延伸，住家建築已從加勒比海人喜歡的高腳柱上遮以護板，且可迎享清爽海風的房子，逐步改建為新式水泥磚瓦式兩層樓房，街導整齊清潔。貝里斯的氣候，除12月和1月較清涼外，大部份時間其溫度在25℃～35℃之間，日常早上10點至午後4點是比較高熱的時間，清晨與傍晚時分則十分清涼。日落後散步海濱的步道上，悠閒漫步，海風徐徐吹來，讓人神清氣爽，飄然物外，Corozal之美，不自覺從心中浮現。

▼筆者與家人攝於海龍鼻上的城市〈Corozal Town〉

# 十九、都市風光

## ■首府／貝爾墨潘（Belmopan）

　　貝爾墨潘位於西方高速公路與蜂鳥高速公路交會處近郊的新興都市，距貝里斯市西南方50英哩（80公里）處。貝國政府是西元1972年正式定都於此，成為全國之政治和文化中心。

●舊總理府是馬雅型式的建築

●政府辦公大樓前的廣場

建都貝爾墨潘有其歷史典故，起源於西元1931年9月10日，貝里斯市正在慶祝St.Gearge's的勝利紀念日，遭受颶風的侵襲，受損不輕。到西元1961年10月31日，貝里斯市再度遭受颶風的蹂躪（30年來第二次），政府的行政資料受水患侵襲，因而籌建新都於貝爾墨潘，位於貝國的地理幾何中心，可保護其免受到海岸暴風的侵襲及免於沼澤地的環繞。爲鼓勵新首都的發展，"Belmopan"之名，取自Belize的第一個音節"BEL"及"MOPAN"（該國原始馬雅族之一的意思）兩字合一而成，以釋義兩城市之繁榮進步。

貝爾墨潘像多數的姊妹城市，如美國首府／華盛頓D.C.及巴西首都／巴西里亞一樣，是經由規劃建立的城市，爲全國行政機構所在之地。首都中心區由兩棟水泥磚建成的政府辦公大樓矗立在獨立山丘，這建築物設計成馬雅型式，常被認爲是一熱帶學園。新建的現代化行政大樓，位於舊行政區的後方，西元1993年已正式啓用。

貝爾墨潘人口只有4000人，計劃人口成長到40000人。但，此市不吸引人，因四周圍繞著牧場　與矮樹叢之中興起，生活於此平淡無味，很少店鋪、住家、飯店或酒店。大都是政府的行政人員及眷屬，或來此辦事的臨時客，發展前景不如預期之樂觀。不過具有新興都市的優點，市內建築較現代化，街道寬闊整潔，交通秩序良好，環境清幽。其中最重要的建築物是National Assembly On Independence Hill，具有古馬雅的特有形態，在政府部門側面環繞著大量的人行道。

貝爾墨潘雖爲政治中心，目前駐外使節只有英國和墨西哥兩國設大使館於此，其它國家都留在繁華的貝里斯市。

▼新建的現代化行政大樓

# ■第一大城／貝里斯市（Belize City）

從薩爾瓦多國際機場起飛約50分鐘航程，可到達貝里斯，沿途從空中鳥瞰，山川莊麗，景色絕佳，進入貝里斯市上空時，加勒比海的風情一覽無遺，漂亮的城市盡入眼簾。走出機場距市區約8英哩路程，就踏入貝國第一大城市－－貝里斯市，也是這個國家在獨立前的首府，位於濱加勒比海中部的地方，是國內商業和交通的中心，人口約六萬。市區被貝里斯河（The Belize River）之支流Haulover Creek一分為兩岸發展，由著名的Swing Bridge負起連絡重責。

站在鐵橋眺望兩岸停泊的漁船、帆船、汽艇林立，構成一幅美麗的畫面。一棟新建的現代化市場聳立於橋頭岸旁，形成繁華的商圈，著名的百貨公司和商店、辦公大樓、藝品店、航空公司辦事處……等往Swing Bridge兩岸的Albert ST.和Queen ST.發展，熙熙攘攘的人潮，顯現熱鬧的氣氛，時時可見外來的觀光客手持V8攝影機或相機，獵取鏡頭，其中半數以上是台灣客。因市區街道道路狹窄，人潮和車輛穿梭來往，造成塞車之苦。又因市區的發展受限，新的副都市已往北方高速公路延伸開發。故此，國際機場附近的土地成為台灣人炒作的新目標，各種社區開發的招牌，林立於公路兩旁。

筆者認為貝里斯市最迷人的街道，應屬Eve Street，沿加勒比海岸，晨昏漫步其間，藍天碧海，使您忘卻一切世俗的煩塵。大道上有數家著名的觀光飯店，可使遊客充分享受加勒比海的風情。

▼空中鳥瞰貝里斯市

●Eve Sereet上的觀光旅館

●位於Albrt St.的BRODIES百貨公司

●Swing Bridge橋旁的漁船

貝里斯市的聖約翰大教堂，建於西元1857年，是中美洲最古老的大教堂，位於〝Central Prak〞公園前的Ragent ST.街道上，是貝里斯的精神指標。其它市區著名的建築有衛理公會教堂、貝里斯郵政總局、地方法院、貝里斯中央銀行、貝里斯大會堂以及聖凱琳女子高等專科……等等，都遺留英國殖民時期的獨特建築風格，會帶給現代觀光客極深刻的印象。

　　貝里斯市劇場(Civic Auditorrium)原是露天型劇場，提供市民大型聚會場所。貝國與我國政府建交後，於洪健雄大使任內提供援助，已改建為室內綜合型劇場，適用體育活動或戲劇表演及各項聚會。是中華民國政府帶給貝里斯市民的最佳禮物。每當筆者路過時，遙望位於Haulover Creek河岸的宏偉建築，產生無比的親切感。

●貝里斯市聖約翰大教堂是中美州最古老的大教堂

# ■橘子會走路的城市／桔道市（Orange Walk）

世界上那裡有〝橘子會走路的城市〞乍聽之下，會令人摸不著頭緒。傳說中為何取名〝Orange Walk〞，也有其命名典故。原來Orange Walk是貝國北部土地肥沃的省區，盛產〝柳橙〞等水果，盛產期採收不及時，掉落滿地人們走路踢到柳橙會滿地滾動，當地人靈機一動就取名〝Orange Walk〞，代表該地物產富饒，因而延傳至今。

桔道市位於〝新河〞（The New River）左岸，距離貝里斯市北方約66英哩處，人口約11000人，是貝國高所得和高產糧地區。最初是木材生產區，後來由Milpa農夫移居時，靠糖膠樹膠和種植玉米而繁榮。近年來建立了蔗糖工廠，發展蔗糖產品，使整個區域的經濟欣欣向榮。每到甘蔗盛產期，一車車採取好的甘蔗，由各式各樣的大卡車，大排長龍等待交貨的盛況，構成一幅特有的景觀畫面，會讓您大開眼界。

桔道行政區交織混合了現代和傳統的風格，機械化的蔗糖合成物，古代的天主教堂，水泥建築物和茅屋並陳。在Fort Cairns和Mundy廢墟，最近的記錄是在西元1872年9月1日提供暗示移民者曾與印度人戰鬥的背景。從考古學家的挖掘中發現古代馬雅文明的環結，從西元前600年到西元50年之間，桔道省是非常繁盛的地區。雖然西班牙語在桔道省盛行，大多數人在工作時仍以英語為主語，部份馬雅語也一直被使用中。桔道市的酒吧聞名全國，還有許多的餐廳、旅館、銀行、教堂、學校、加油站、電力公司、電話公司、電信局以及一所頗具規模的醫院。

桔道市是貝國第二大都市，經濟繁榮，居住品質佳，成為台灣新移民選擇的目標。台灣一貫道宗教的新移民，已在桔道市近效建立總部，已購買大片土地，計劃建立〝一貫道社區〞定居於此，新的移民陸續增加中。

●位於市中心精華區的桔道市公園

●桔道市街景

## ■南端邊城－－
### 彭達格爾達市／Punta Gorda

　　在貝國西方和西北方山丘的側腹，Punta Gorda位於南端濱海之城市，距海平面上15呎高，是〝托勒多〞(Toledo)省的首府，人口有3050人，其結構有加勒比人(Caribs)、西印群島的黑人土著(Creoles)、馬雅人(Maya)、Kekchi印度人、東印度人、中國人以及許多地方來的混血人。從Punta Gorda市可眺望宏都拉斯灣，距瓜地馬拉和宏都拉斯，只有幾海浬遠。在明亮的夜晚，您可看到鄰近城市穿過海灣的燈火，連結這城市的支幹有道路、海路和空運。這親切的小鎮面對著〝The Barrier Reef〞的南端，鄰近有許多離岸海島。此鎮在19世紀初期是一漁村，但現在變成一農業區，極力推廣稻米、豆、玉米的生產。

　　在Punta Gorda市南端是一巨大的岬(Promontory)，在幾英哩遠是早期Toledo移民（美國南北戰爭來的難民）到此定居。不遠處有San Antonio華麗的馬雅村莊，San Miguel和其它小村落。此鎮供應足夠的水、電話、電力、舒適的旅館、餐廳、學校和教堂。

# 二十、貝里斯的點點滴滴

每個國家都有獨特的風土民情，最富情趣與吸引人的地方。本文僅以筆者所瞭解的點點滴滴，記述於后，引領讀者獲知一些多采多姿的異國風土民情，增廣一些趣聞：

## ■國家動物／National Animal

代表貝里斯的國家動物是〝貘〞(Tapir)，貝里斯的人們稱牠為〝山牛〞(Mountain Cow)，獲國家保護，捕殺是違法的。

貘是屬於馬和犀牛同類的動物，牠屬短腳，重量約250公斤（550磅），全身棕灰色的動物，其眼睛、嘴唇和耳朵尖端部位有白色的膚色，而喉嚨及胸部的軟毛則呈白色斑點。貘是素食主義者，也是游泳健將。據考證貘生活於中美洲叢林的河川與湖泊，至少有150,000年。

## ■國鳥／National Bird

貝里斯的國鳥是〝巨嘴鳥〞(Keel Billde Toucan)，這種鳥長約50公分，鳥身大都是黑色，而胸部則是黃色，尾色朝下部位是紅色，尾端有白色斑點。牠的大嘴呈船形，顏色鮮艷，有綠色、藍色、紅色和橙色等綜合色彩，看來像一幅美麗的圖畫。巨嘴鳥喜歡棲息在寬闊的大樹上。牠是一種喜歡喧囂的鳥，會作出哇哇聲，很像青蛙的叫聲，也喜歡吃水果。

●貝里斯的國鳥Keel-Billed Toucan

●代表貝里斯的國家動物－貘

## ■國花和國樹／National Flower And National Tree

〝黑蘭花〞（Black Orchid）是貝里斯的國花，有綠黃的花瓣，它們生長在貝里斯較潮濕土地的樹上，而整年都開花，有生長黑蘭花的地方，就像一幅美麗的圖畫，呈現在大自然中。

貝里斯的國樹是〝桃花心木〞（Mahogany），是貝國森林中的巨人，但生長速度非常的緩慢，可長到30公尺高，期間需時60～80年之久。

●貝里斯的國花－Brack Orchid

## ■國歌／National Anthen

〝自由的土地〞（Land of Free）是貝里斯的國歌，是由Samual Haynes和Walf Young兩位作曲家在西元1925年編曲完成的。在許多特殊的場合，貝國人民都會唱它，例如學校的早會或慶典等活動，演唱時必須站立並嚴肅的表達對國家的尊重。

## ■美味可口的〝紅豆飯〞

談起吃貝里斯〝紅豆飯〞的口感，猶如在台灣吃〝嘉義雞肉飯〞的美味。紅豆飯中椰子油的配料和雞肉飯中的雞油湯佐料，具有同等重要的配方，增加口感，讓品嚐者回味無窮？

紅豆飯是當地人的主食之一，尤其在慶典或教會的義賣活動中，是不可或缺的食品。正如其名，是以紅豆和米飯為主，加上烤雞腿、炸香蕉，配上椰子油，一份五元貝幣（約台幣65元），爽口好吃，不只當地人喜歡吃，不少中國人也口碑載道。

## ■托踢亞和塔克斯／Tortia & Tacos

〝托踢亞〞（Tortia）是貝里斯人的主食之一，以玉米粉作成的薄餅，按時計價，買回家中再搭配其它佐料用食，正如台灣尾牙時吃的潤餅，觀其製造方式是將玉米粉摻水攪拌成團，由機器壓製圓形薄片，經烘烤後堆疊成圓柱形，以磅秤計價銷售。每到用餐時間，都要排隊購買，因現買現吃，其熱度及軟度適中，才爽口好吃。

〝塔克斯〞（Tacos）是從〝托踢亞〞（Tortia）加上佐料，製成商品化食品販賣。就如同台灣的春卷，其佐料分為雞肉、牛肉、豬肉、魚肉等碎片，沾上油湯，則美味可口。一般販賣店都是現場製作，TORTIA經微溫加熱，再捲包配料，現買現吃，口感極佳。各城市的街道上，可看到手推車，掛著TACOS招牌，在人多會集的路口販賣，也是貝里斯的特有風格。

## ■天然保留區

貝里斯的河流、熱帶雨林和洞內在植物區系和動物區系方面的壯麗和富饒是舉世名聞的。

許多區域被指定為天然保留區，其中賀坎（Hol Chan）和半月島嶼（Half Moon Caye）是兩處有名的海洋庇護所。國土南邊的寇克斯盆地野生動物保護區（Cocksoomb Basin Wildife Sanctuary），是美洲豹的保護之家。離貝里斯市西方高速公路約30英哩處的貝里斯動物園，是以自然環境為背景，可觀察美洲豹和各種其他動物。

沿貝里斯河的〝百慕達登陸社區的狒狒庇護所〞（The Bermudian Landing

Cammunity Baboon Sanctuary)，是黑色美洲吼猴的本產地，稱為"狒狒"，離森林一英哩外，尚可聽到牠們刺耳的吼叫聲。

位於貝里斯市正北方的"曲樹野生動物庇護所"(The Crooked Tree Wildlife Sanctuary)提供攝影家和自然學者一處奇特的環境可觀察與研究。在一片廣大如網交織的湖泊和沼澤地，孕育著奇特的植物、花、蝴蝶和數不盡類別的鳥類。著名的松脊山(The Mountain Pine Ridge)在聖邪西歐(San Ignacio)的南邊，也有延續而壯麗的松樹、亞熱帶森林、河流、瀑布和洞穴等風景奇觀。

## ■叢林小徑縱馬之樂

貝里斯叢林廣闊，尤其在西南部之松脊山或貝里斯市附近，不分年齡的騎馬者，可遨遊於松樹林和熱帶雨林的羊腸小徑。小徑騎遊指導手冊可以保證有經驗或初學者，能充分享受貝國的森林道路和小徑的綺麗風光。

## ■洞穴(The Caves)

貝里斯大部份國土之地層下，有石灰岩形成物產生眾多的洞穴系統，尚有許多尚未被開發。有興趣的探險者，可騎馬進入叢林旅行，探訪自馬雅時代以來幾乎尚未被探訪過的偏遠洞穴。今日，許多洞穴的地板和裂縫裡藏有古代的人工製品，是貝里斯特有的財產。

目前著名的洞穴遺址，有聖荷蒙的洞穴(ST. Herman's Cave)、內陸的藍洞(Blue Hole)、匹卓格里夫洞穴(Petroglyph Cave)或是受人歡迎的里歐佛里歐洞穴(Rio Frio Cave)，到此一遊會是一次刺激的探險。一般的旅遊規劃包括：騎馬、划獨木舟、尋訪遺跡，或是在小鎮內購買手工藝品，會帶給您尋幽覽勝快樂之旅。

▼松脊山Rio Frio洞穴的入口處

## ■窺探海底天堂

貝里斯176英哩長的堡礁,是世界上長度僅次於澳大利亞的大堡礁(Australla s GreatBarrier Reff),潛水者對堡礁中的海岸生物感到驚訝,在水晶般清澈的海水,色彩艷麗的珊瑚,陣陣魚群,琳瑯滿目、美不勝收。廣闊迷人的加勒比海,沿著貝里斯海岸,數百個無人居住而長著成排棕櫚樹的島嶼,對潛水者、釣魚者、駕遊艇者或是海濱遊蕩者而言,是一項無限的寶藏。

### 1.安伯格里斯島 (Ambergris Caye)

距貝里斯市36英哩的海洋島嶼,是貝國眾多島中最大和最具發展的島,可塔乘小飛機或遊艇抵達。島中的珊貝多鎮(San Pedro)觀光旅館林立,白色沙灘的日光浴,每年11月及12月份吸引無數的觀光客,沐浴在此優美的大自然環境下,充份享受一個完全無人打擾的輕鬆假期。

●駕駛遊艇窺探海底堡礁之奧秘

到〝珊貝多〞重要的旅遊點是乘玻璃船到賀坎海洋生物保留區(Hol Chan Marine Reserve)，有無以匹敵的海洋生物和珊瑚礁，玻璃船約航行40分鐘停泊汪洋大海中，船上播放熱門音樂，一字排開的船隊，看藍天，看大海或跳入海中戲水，水深及胸，可享用潛水鏡，看那五彩繽紛的魚群，艷麗的珊瑚礁和種種海洋生物，都讓人讚嘆不已。當地的休閒地區，都具備有完善的各種水上運動設施，讓您玩得盡興，筆者曾三次到此一遊，至今回味無窮。

●駕駛玻璃船開往賀坎海洋生物保護區

●駕坎海洋生物保留區內鯊魚與妳戲水

●在保留區的海洋中戲水

●珊貝多渡假旅館

●San Pedro之ELVI'S KITCHEN餐館的活樹嘆爲奇觀

　　在安伯格斯島正南方的數個小島,有飲食供應和潛水旅遊節目,可由貝里斯市或其他主要島嶼乘船抵達。這些小島是寇克島(Caye Caulker)、查伯島(Caye Chapel)和聖喬治島(ST Georgr's Caye)等。

　　從〝珊貝多〞航行約2小時,抵達世界馳名的燈塔暗礁的中央就是聞名的巨型藍洞,是一個1000英呎的圓形湖泊,由含有鐘乳石的沙岩下陷400英呎所形成的一凹洞奇景。格洛弗環礁(Glover's Reef Atall)則是世界上最壯觀的潛水地點之一,尚有未被發現或未經騷擾的活珊瑚群。40英呎的礁壁被許多顫動黃色管狀的海綿和珊瑚所裝飾著,帶有精美的紫色和天藍色,形成對比,十分鮮明。

## 2.南海島 (Southwater Caye)

從貝國東南臨海城市〝丹格利卡〞(Dangriga)乘船抵達低窪區的南海島嶼。雖然較未被開發，但這些島嶼卻是真正未被發掘和未被破壞的加勒比海寶藏。

## 3.半月島天然紀念碑 (Half Moon Caye Natural Monument)

該處天然紀念碑，位於貝里斯市往東60英哩的暗灘燈塔環礁中，是一個建於西元1848年的燈塔和一個紅足海鵝島 (Red-Footed Booby Bird)，以及100種以上其牠鳥類的保留區庇護所。

## ■航海與探險

貝里斯蔚藍似水晶般的加勒比海海水，幾世紀以來吸引著無數喜愛冒險的航海家。數不盡的暗礁沿著探險海岸以及散佈著數英哩的神祕紅樹林礁湖，使貝里斯的海域，成為海盜們搭載有西班牙寶藏的大型帆船之庇護所。古代裝甜酒的酒瓶或海難損毀的船隻殘骸，更證明貝里斯具有多彩多姿的海上歷史。筆者有次到丹格利卡市一遊，友人帶我們到海邊旅館喝咖啡，看酒櫃上排滿空瓶子，感到十分好奇，探詢之下，就是取自海灘上飄來的空瓶子，經鑑賞成為有歷史價值而收藏的寶物，也讓我親自見證到本文所述及的歷史。

今天，貝里斯仍是航海家的天堂，他們可重新探索那迷人的海底，隱蔽的停泊地，或停留在主要島嶼上走訪長綠茂盛的叢林，奇特的野生動物以及馬雅文化遺跡。

## ■釣魚樂

在貝里斯是喜愛釣魚者的天堂，不論大海或河溪，都能充份讓您享受釣魚之樂。貝國備有完善的資訊和設施提供愛好釣魚運動的人，諸如釣魚指南，釣魚露營或租用釣魚專用遊艇和一般釣魚船…等等。

內陸的湖泊、河溪或海口交會處的骨魚 (Bonefish)、巴拉庫達魚 (Baracuda)、史努科魚 (Snock)、鱸魚等會帶給垂釣者無窮的樂趣。在藍海上的垂釣者可享受與馬林魚 (Marlin)、航魚 (Sailfish) 或其牠獵魚上鉤戰鬥時的樂趣。岸邊暗礁裡的青花魚 (King Mackerel)、鱸魚 (Grouper)、花跳魚 (Snapper)、鰹魚 (Bonito)、黑鰭鮪魚 (Blackfin Tuna) 和鮭湖魚 (Wahco) 也是垂鉤者的最愛。

骨魚是一種水中最野生好鬥，又最為人們所爭相羅致的魚類。在特內飛島嶼環礁 (Turneffe Islands Atoll)，以蘊藏骨魚聞名之。喜愛垂釣之樂的讀者，祈望您們有一天到貝里斯也能享受與骨魚搏鬥時的樂趣。

## ■BELIZE／貝里斯--名稱之謎

西元1974年6月1日，英屬宏都拉斯正式改名為BELIZE。但，這個名稱的起源仍然不太為人所確定，有人說它是從馬雅語的〝貝利斯〞引用而來，其意思是〝泥濘的河流〞。有人則懷疑它是〝彼得·華里斯〞這位人名的誤用，他是在此設立第一個殖民地的海盜的名字。

一般比較被接受的看法，它是引用法語的〝貝里師〞，意思是〝燈塔〞。

　　可以確定的是貝里斯一直像一個〝燈塔〞之光，不分種族、不分國籍，是指引航海者的一盞明燈。它歡迎各種不同的人在它的國界裡找到種族的和諧，宗教自由與和平相處。

　　貝里斯人呈現著一種具正的友善和親切的文雅風度，一種在世界上觀光勝地逐漸減少的特質，在此地您且可以找到它。貝里斯的探險海岸，其錯綜複雜、美麗、奇妙、溫暖和冒險之地，誠摯且熱情的邀請您共享它的文化遺產和款待。

# 二十一、機緣與移民路

〝機緣〞，在人的一生中是可遇而不可求，有時刻意追求它，卻無緣以逢，有時無心插柳，柳成蔭！以筆者四年來的心路歷程，深深感觸，在台灣繁華富裕生活中的人們，會踏上移民路，是〝因緣〞和〝機緣〞恰巧配合上的結果！

回顧西元1991年2月19日筆者與好友黃興富先生到貝里斯探訪離開台北半年的內人和兩位小孩。十一天的旅程中除居住地Corozal市外，以主人身份帶他到過貝里斯市、首都貝爾墨潘、卡優(Cayo)之山伊格拉希市、瓜地馬拉邊界、藍洞國家公園、小貝里斯及墨西哥之邊域Chetumal等地旅遊，整個行程之旅歷十分愉快。回到台灣與朋友聊起貝里斯的觀感時，他認為有台灣三份之二的國土，只居住二十來萬人口，地廣人稀，覺得是一個鳥不生蛋的國家。當時，筆者的內心只好哈哈一笑！事隔一年的西元1992年2月初，與朋友徐小鳴先生談及貝里斯種種，讓徐先生大感驚奇，因他一心想移民中南美洲，對貝里斯也花一番心思研究，只是找不到門路，經

黃先生一提，如獲至寶，速找我去分析貝里斯的國情與發展潛力後，倍感興趣，再介紹汪佳興和洪明烈兩位先生加入行列，激起共鳴。因緣與機緣恰巧配上，五位結為義兄弟，至貝里斯共創事業第二春。事巧，又得到友人孟澄玉、孟增水父子的認同，當年4月17日，一行七人往貝里斯作十天的參觀和考察。話說孟澄玉長輩，年過七十五，經歷26小時的飛行與轉機，到達貝里斯時，神采奕奕，毫不輸給年青人。

他是板橋埔乾地區有名望之士，是頗具眼光的企業家，經一週的參觀與訪談，認為貝里斯具有發展的前瞻性，當下決定轉向貝里斯投資與發展，因他有感日本統治時代的通貨膨脹，戡亂時期的金融風暴以及時下台灣的政情發展，讓他有外移的想法。就在行程最後一天，於Corozal市區精華地段，七人共同購買12000坪的建地。回顧好友黃興富先生第一次踏上貝里斯的國土，認為是鳥不生蛋的國度，第二次入境竟成為投資者，而其他五位只第一次到此一遊，也認同這個可愛的國家，加入投資行列。套句俗語所言：機緣一線牽，應不為過。

●西元1992年4月17日起程往貝里斯之七人行

持續的發展，五位好友於西元1993年在貝里斯成立〝Wisdom International Development Co, LTD.〞，第一項投資於Corozal近郊購買220英畝（91甲）土地，開發為多功能的中國社區，有目前Corozal市的五分之三大，提供台灣來的新移民，清幽的住宅環境以及商業活動，社區內道路四通八達，市鎮的公共設施，一一規劃在內，堪稱為一個可獨立自主的市鎮，預計西元1995年底前可開發完成。第二項投資於Corozal Consejo Road購買45英畝的土地，規劃為免稅工業區。前年8月Wisdom公司已獲得貝國政府的5年免稅特許，可生產家電與電子類產品。享受此項優惠Made In Belize的第一台Wisdom電扇，於西元1994年的12月初正式上市，電扇廠房亦將於西元1995年底在工業區內建廠完成，擴大生產以拓展中南美市場。

Wisdom工業區的開發理念，是提供到貝國投資者，發展輕工業的理想之地。因與墨西哥相鄰，對原料的取得與市場的推廣，有其相得益彰之效。加上與貝墨邊界政府所規劃的自由貿易區，一氣呵成，發展前景看好。筆者談論這個見證，就是想表達一個事實，在自由自在，豐衣足食的社會，要踏上移民之路，確需〝因緣〞和〝機緣〞的恰巧配合，前人開路領航，才有後人搭方便之車，共同往前邁進！

國內經濟發展之骨幹－－中小企業，正面臨工業升級的瓶頸與困境，面對國際市場競爭力的衰退，加上勞動力的不足，個個老板叫苦連天，一波波的往大陸發展，接觸的是人治而不是法治的社會，然而真正能賺錢的台商有多少呢？而留根台灣的則必需轉換高科技產品線，才能有較大的生存空間。但中小企業的財力和研究發展技術，又如何能負擔龐大資金的投資呢？放眼中南美歷經戰禍、貧窮的困境，逐漸走上和平、民主、經濟開發的階段，幅員廣大、人口眾多、天然資源豐富、民風淳樸，土地受污染之程度較低，市場潛力大，這塊新生處女地有其發展的潛力。再說貝里斯在中美洲屬中樞地位，往北可進攻墨西哥與美國市場，東進加勒比海諸國也是新興的廣大市場。往西有瓜地馬拉和薩爾瓦多，千餘萬人口的市場空間。往南從巴拿馬到南美洲也是開發之新目標市場。以筆者的親身經歷的經驗與淺見，貝里斯是中小企業投資移民適切的選擇之地，政情穩定又民主，百姓純樸平和，勞工充足，交通運輸便捷，政府設立投資免稅特許，獎勵外來投資設廠優惠，並提供給水、電力、通訊等設備，方便投資者，以期動該國之經濟起飛。加上幣值穩定、資源豐富，大自然環境優美，其發展潛力大有可為。故此，貝里斯提供先天條件優

越的經濟環境，有興趣的投資者，不妨實
地去考察，尋找最適合自己的投資行業，
在這塊處女地上，您將會得到意想不到的
收穫。

去年八月（1994年），〝1995年閏八
月〞這本書，震撼全國各界，出書短短兩
個月期間，銷售10萬冊，報章雜誌給予正
反兩面各不相同的評價，又激起國人移民
的楔機。據聞宗教界曾有多人在近期同時
夢見中共將在1995年攻打台灣，促使宗教
界申請移民的案件，每日巨增。也有台灣
南部基督教的會友告訴筆者，南部地區許
多教友禱告中，上帝明示要移民貝里斯。
再觀察國內政情的發展，國會議員大爺
們，開會的胡鬧亂象，確實帶給市井小
民，心存向外發展的意念。

正常台灣邁向已開發國家之際，人心
的浮燥，功利主義的現實，青年學子對前
途的茫然。

正如李總統倡導的，目前台灣社會必
須〝革心〞與〝革新〞，推動台灣邁向新
社會，讓台灣有更美好的明天。〝根留台
灣〞是正確的，若有〝機緣〞走上移民
路，開創人生第二個春天，也不失一條可
選擇之路。

# 二十二、展望

貝里斯依山臨海，雨量充沛，土地
肥沃，氣候宜人，土地利用價值高，海洋
資源富饒。

加諸政府殷切期望外來投資者，確實
是發展農、林、漁、牧和工商業之理想國
度。

東濱加勒比海、藍天碧海、陽光、沙
灘是得天獨厚的天然資源，蔚藍的海灣及
美麗的珊瑚堡礁構成的海岸風光，是乘風
破浪，尋幽訪勝，觀光旅遊的好地方。境
內遍佈的馬雅文化古蹟，更是值得深入探
訪研究的焦點。貫穿全國境內的河流，提
供內陸運輸外，也可划舟旅遊，觀賞500多
種各類的蘭花，覽賞那裡的熱帶雨林中充
滿了超過500種的鳥類和其他野生動物群，
帶給您輕鬆又充實的休閒探險之旅。在叢
林小徑縱馬，可讓您享受貝里斯森林古道
的風光之美。還有極美的－西半球最長之
珊瑚海岸，探索貝國的海底天堂，其堡礁
壁中的海洋生物，會讓您嘖嘖稱奇。沿著
貝里斯海岸的數百個無人居住、長著成排
棕櫚的島嶼對潛水者、駕駛者、釣魚者和
觀光者而言是一個可愛的天堂。加上，友
善的人民，大自然壯麗的山川景色，難怪
世人稱它為上帝遺忘的伊甸園。這樣一個
純樸、美麗和可愛的國度，朋友！不妨親
自去揭開它神祕的面紗呢？！

〝貝里斯〞就像一株蘭花－－台灣線
蘭，經養蘭專家精心的培育，可成為一株
價值不凡的銀線蘭或金線蘭。若是在養蘭
場中，讓它自然的成長，只不過是一株平
凡而不起眼的蘭花。今日，貝里斯政府，
正努力追求經濟的發展，農、漁、林豐富
的資源逐步開發中，再引進外資的投入配
合工商業的發展，不久的將來勢必成為中
美洲一顆閃耀的明日之星，就讓吾人拭目
以待吧！

# 中美洲一樂園
# 貝里斯

定價：350元

出 版 者：新形象出版事業有限公司
負 責 人：陳偉賢
地　　址：台北縣中和市中正路322號8Ｆ之1
電　　話：9207133・9278446
ＦＡＸ：9290713

編 著 者：朱陳春田
發 行 人：顏義勇
總 策 劃：陳偉昭
美術設計：張呂森、劉育倩、林東海
美術企劃：林東海、劉育倩、張呂森

總 代 理：北星圖書事業股份有限公司
地　　址：永和市中正路391巷2號8樓
門　　市：北星圖書事業股份有限公司
地　　址：永和市中正路498號
電　　話：9229000(代表)
ＦＡＸ：9229041
郵　　撥：0544500-7北星圖書帳戶
印 刷 所：皇甫彩藝印刷股份有限公司

行政院新聞局出版事業登記證／局版台業字第3928號
經濟部公司執／76建三辛字第214743號

中華民國85年1月　　第一版第一刷

國立中央圖書館出版品預行編目資料

中美洲一樂園：貝里斯＝Belize／朱陳春田編
　著. --第一版，--臺北縣中和市：新形象，
　民85
　　面；　公分
　　ISBN 957-8548-90-7(平裝)

　　1.中美－描述與遊記

755.09　　　　　　　　　　　　84013097

## 九、繪畫技法

| 代碼 | 書名 | 編著者 | 定價 |
|---|---|---|---|
| 8-01 | 基礎石膏素描 | 陳嘉仁 | 380 |
| 8-02 | 石膏素描技法專集 | 新形象 | 450 |
| 8-03 | 繪畫思想與造型理論 | 朴先圭 | 350 |
| 8-04 | 魏斯水彩畫專集 | 新形象 | 650 |
| 8-05 | 水彩靜物圖解 | 林振洋 | 380 |
| 8-06 | 油彩畫技法1 | 新形象 | 450 |
| 8-07 | 人物靜物的畫法2 | 新形象 | 450 |
| 8-08 | 風景表現技法3 | 新形象 | 450 |
| 8-09 | 石膏素描表現技法4 | 新形象 | 450 |
| 8-10 | 水彩・粉彩表現技法5 | 新形象 | 450 |
| 8-11 | 描繪技法6 | 葉田園 | 350 |
| 8-12 | 粉彩表現技法7 | 新形象 | 400 |
| 8-13 | 繪畫表現技法8 | 新形象 | 500 |
| 8-14 | 色鉛筆描繪技法9 | 新形象 | 400 |
| 8-15 | 油畫配色精要10 | 新形象 | 400 |
| 8-16 | 鉛筆技法11 | 新形象 | 350 |
| 8-17 | 基礎油畫12 | 新形象 | 450 |
| 8-18 | 世界名家水彩(1) | 新形象 | 650 |
| 8-19 | 世界水彩作品專集(2) | 新形象 | 650 |
| 8-20 | 名家水彩作品專集(3) | 新形象 | 650 |
| 8-21 | 世界名家水彩作品專集(4) | 新形象 | 650 |
| 8-22 | 世界名家水彩作品專集(5) | 新形象 | 650 |
| 8-23 | 壓克力畫技法 | 楊恩生 | 400 |
| 8-24 | 不透明水彩技法 | 楊恩生 | 400 |
| 8-25 | 新素描技法解說 | 新形象 | 350 |
| 8-26 | 畫鳥・話鳥 | 新形象 | 450 |
| 8-27 | 噴畫技法 | 新形象 | 550 |
| 8-28 | 藝用解剖學 | 新形象 | 350 |
| 8-30 | 彩色墨水畫技法 | 劉興治 | 400 |
| 8-31 | 中國畫技法 | 陳永浩 | 450 |
| 8-32 | 千嬌百態 | 新形象 | 450 |
| 8-33 | 世界名家油畫專集 | 新形象 | 650 |
| 8-34 | 插畫技法 | 劉芷芸等 | 450 |
| 8-35 | 實用繪畫範本 | 新形象 | 400 |
| 8-36 | 粉彩技法 | 新形象 | 400 |
| 8-37 | 油畫基礎畫 | 新形象 | 400 |

## 十、建築、房地產

| 代碼 | 書名 | 編著者 | 定價 |
|---|---|---|---|
| 10-06 | 美國房地產買賣投資 | 解時村 | 220 |
| 10-16 | 建築設計的表現 | 新形象 | 500 |
| 10-20 | 寫實建築表現技法 | 濱脇普作 | 400 |

## 十一、工藝

| 代碼 | 書名 | 編著者 | 定價 |
|---|---|---|---|
| 11-01 | 工藝概論 | 王銘顯 | 240 |
| 11-02 | 籐編工藝 | 龐玉華 | 240 |
| 11-03 | 皮雕技法的基礎與應用 | 蘇雅汾 | 450 |
| 11-04 | 皮雕藝術技法 | 新形象 | 400 |
| 11-05 | 工藝鑑賞 | 鐘義明 | 480 |
| 11-06 | 小石頭的動物世界 | 新形象 | 350 |
| 11-07 | 陶藝娃娃 | 新形象 | 280 |
| 11-08 | 木彫技法 | 新形象 | 300 |

## 十二、幼敎叢書

| 代碼 | 書名 | 編著者 | 定價 |
|---|---|---|---|
| 12-02 | 最新兒童繪畫指導 | 陳穎彬 | 400 |
| 12-03 | 童話圖案集 | 新形象 | 350 |
| 12-04 | 敎室環境設計 | 新形象 | 350 |
| 12-05 | 敎具製作與應用 | 新形象 | 350 |

## 十三、攝影

| 代碼 | 書名 | 編著者 | 定價 |
|---|---|---|---|
| 13-01 | 世界名家攝影專集(1) | 新形象 | 650 |
| 13-02 | 繪之影 | 曾崇詠 | 420 |
| 13-03 | 世界自然花卉 | 新形象 | 400 |

## 十四、字體設計

| 代碼 | 書名 | 編著者 | 定價 |
|---|---|---|---|
| 14-01 | 阿拉伯數字設計專集 | 新形象 | 200 |
| 14-02 | 中國文字造形設計 | 新形象 | 250 |
| 14-03 | 英文字體造形設計 | 陳穎彬 | 350 |

## 十五、服裝設計

| 代碼 | 書名 | 編著者 | 定價 |
|---|---|---|---|
| 15-01 | 蕭本龍服裝畫(1) | 蕭本龍 | 400 |
| 15-02 | 蕭本龍服裝畫(2) | 蕭本龍 | 500 |
| 15-03 | 蕭本龍服裝畫(3) | 蕭本龍 | 500 |
| 15-04 | 世界傑出服裝畫家作品展 | 蕭本龍 | 400 |
| 15-05 | 名家服裝畫專集1 | 新形象 | 650 |
| 15-06 | 名家服裝畫專集2 | 新形象 | 650 |
| 15-07 | 基礎服裝畫 | 蔣愛華 | 350 |

## 十六、中國美術

| 代碼 | 書名 | 編著者 | 定價 |
|---|---|---|---|
| 16-01 | 中國名畫珍藏本 | | 1000 |
| 16-02 | 沒落的行業─木刻專輯 | 楊國斌 | 400 |
| 16-03 | 大陸美術學院素描選 | 凡谷 | 350 |
| 16-04 | 大陸版畫新作選 | 新形象 | 350 |
| 16-05 | 陳永浩彩墨畫集 | 陳永浩 | 650 |

## 十七、其他

| 代碼 | 書名 | 定價 |
|---|---|---|
| X0001 | 印刷設計圖案(人物篇) | 380 |
| X0002 | 印刷設計圖案(動物篇) | 380 |
| X0003 | 圖案設計(花木篇) | 350 |
| X0004 | 佐勝邦雄(動物描繪設計) | 450 |
| X0005 | 精細插畫設計 | 550 |
| X0006 | 透明水彩表現技法 | 450 |
| X0007 | 建築空間與景觀透視表現 | 500 |
| X0008 | 最新噴畫技法 | 500 |
| X0009 | 精緻手繪POP插圖(1) | 300 |
| X0010 | 精緻手繪POP插圖(2) | 250 |
| X0011 | 精細動物插畫設計 | 450 |
| X0012 | 海報編輯設計 | 450 |
| X0013 | 創意海報設計 | 450 |
| X0014 | 實用海報設計 | 450 |
| X0015 | 裝飾花邊圖案集成 | 380 |
| X0016 | 實用聖誕圖案集成 | 380 |

# 新形象出版圖書目錄

郵撥：0510716-5　陳偉賢　　TEL:9207133・9278446　FAX:9290713　　地址：北縣中和市中和路322號8Ｆ之1

## 一、美術設計

| 代碼 | 書名 | 編著者 | 定價 |
|---|---|---|---|
| 1-01 | 新插畫百科(上) | 新形象 | 400 |
| 1-02 | 新插畫百科(下) | 新形象 | 400 |
| 1-03 | 平面海報設計專集 | 新形象 | 400 |
| 1-05 | 藝術・設計的平面構成 | 新形象 | 380 |
| 1-06 | 世界名家插畫專集 | 新形象 | 600 |
| 1-07 | 包裝結構設計 |  | 400 |
| 1-08 | 現代商品包裝設計 | 鄧成連 | 400 |
| 1-09 | 世界名家兒童插畫專集 | 新形象 | 650 |
| 1-10 | 商業美術設計(平面應用篇) | 陳孝銘 | 450 |
| 1-11 | 廣告視覺媒體設計 | 謝蘭芬 | 400 |
| 1-15 | 應用美術・設計 | 新形象 | 400 |
| 1-16 | 插畫藝術設計 | 新形象 | 400 |
| 1-18 | 基礎造形 | 陳寬祐 | 400 |
| 1-19 | 產品與工業設計(1) | 吳志誠 | 600 |
| 1-20 | 產品與工業設計(2) | 吳志誠 | 600 |
| 1-21 | 商業電腦繪圖設計 | 吳志誠 | 500 |
| 1-22 | 商標造形創作 | 新形象 | 350 |
| 1-23 | 插圖彙編(事物篇) | 新形象 | 380 |
| 1-24 | 插圖彙編(交通工具篇) | 新形象 | 380 |
| 1-25 | 插圖彙編(人物篇) | 新形象 | 380 |
|  |  |  |  |

## 二、POP廣告設計

| 代碼 | 書名 | 編著者 | 定價 |
|---|---|---|---|
| 2-01 | 精緻手繪POP廣告1 | 簡仁吉等 | 400 |
| 2-02 | 精緻手繪POP2 | 簡仁吉 | 400 |
| 2-03 | 精緻手繪POP字體3 | 簡仁吉 | 400 |
| 2-04 | 精緻手繪POP海報4 | 簡仁吉 | 400 |
| 2-05 | 精緻手繪POP展示5 | 簡仁吉 | 400 |
| 2-06 | 精緻手繪POP應用6 | 簡仁吉 | 400 |
| 2-07 | 精緻手繪POP變體字7 | 簡志哲等 | 400 |
| 2-08 | 精緻創意POP字體8 | 張麗琦等 | 400 |
| 2-09 | 精緻創意POP插圖9 | 吳銘書等 | 400 |
| 2-10 | 精緻手繪POP畫典10 | 葉辰智等 | 400 |
| 2-11 | 精緻手繪POP個性字11 | 張麗琦等 | 400 |
| 2-12 | 精緻手繪POP校園篇12 | 林東海等 | 400 |
| 2-16 | 手繪POP的理論與實務 | 劉中興等 | 400 |
|  |  |  |  |
|  |  |  |  |

## 三、圖學、美術史

| 代碼 | 書名 | 編著者 | 定價 |
|---|---|---|---|
| 4-01 | 綜合圖學 | 王鍊登 | 250 |
| 4-02 | 製圖與議圖 | 李寬和 | 280 |
| 4-03 | 簡新透視圖學 | 廖有燦 | 300 |
| 4-04 | 基本透視實務技法 | 山城義彥 | 300 |
| 4-05 | 世界名家透視圖全集 | 新形象 | 600 |
| 4-06 | 西洋美術史(彩色版) | 新形象 | 300 |
| 4-07 | 名家的藝術思想 | 新形象 | 400 |
|  |  |  |  |

## 四、色彩配色

| 代碼 | 書名 | 編著者 | 定價 |
|---|---|---|---|
| 5-01 | 色彩計劃 | 賴一輝 | 350 |
| 5-02 | 色彩與配色(附原版色票) | 新形象 | 750 |
| 5-03 | 色彩與配色(彩色普級版) | 新形象 | 300 |
|  |  |  |  |
|  |  |  |  |
|  |  |  |  |

## 五、室內設計

| 代碼 | 書名 | 編著者 | 定價 |
|---|---|---|---|
| 3-01 | 室內設計用語彙編 | 周重彥 | 200 |
| 3-02 | 商店設計 | 郭敏俊 | 480 |
| 3-03 | 名家室內設計作品專集 | 新形象 | 600 |
| 3-04 | 室內設計製圖實務與圖例(精) | 彭維冠 | 650 |
| 3-05 | 室內設計製圖 | 宋玉眞 | 400 |
| 3-06 | 室內設計基本製圖 | 陳德貴 | 350 |
| 3-07 | 美國最新室內透視圖表現法1 | 羅啓敏 | 500 |
| 3-13 | 精緻室內設計 | 新形象 | 800 |
| 3-14 | 室內設計製圖實務(平) | 彭維冠 | 450 |
| 3-15 | 商店透視–麥克筆技法 | 小掠勇記夫 | 500 |
| 3-16 | 室內外空間透視表現法 | 許正孝 | 480 |
| 3-17 | 現代室內設計全集 | 新形象 | 400 |
| 3-18 | 室內設計配色手冊 | 新形象 | 350 |
| 3-19 | 商店與餐廳室內透視 | 新形象 | 600 |
| 3-20 | 櫥窗設計與空間處理 | 新形象 | 1200 |
| 8-21 | 休閒俱樂部・酒吧與舞台設計 | 新形象 | 1200 |
| 3-22 | 室內空間設計 | 新形象 | 500 |
| 3-23 | 櫥窗設計與空間處理(平) | 新形象 | 450 |
| 3-24 | 博物館&休閒公園展示設計 | 新形象 | 800 |
| 3-25 | 個性化室內設計精華 | 新形象 | 500 |
| 3-26 | 室內設計&空間運用 | 新形象 | 1000 |
| 3-27 | 萬國博覽會&展示會 | 新形象 | 1200 |
| 3-28 | 中西傢俱的淵源和探討 | 謝蘭芬 | 300 |
|  |  |  |  |
|  |  |  |  |

## 六、SP行銷・企業識別設計

| 代碼 | 書名 | 編著者 | 定價 |
|---|---|---|---|
| 6-01 | 企業識別設計 | 東海・麗琦 | 450 |
| 6-02 | 商業名片設計(一) | 林東海等 | 450 |
| 6-03 | 商業名片設計(二) | 張麗琦等 | 450 |
| 6-04 | 名家創意系列①識別設計 | 新形象 | 1200 |
|  |  |  |  |

## 七、造園景觀

| 代碼 | 書名 | 編著者 | 定價 |
|---|---|---|---|
| 7-01 | 造園景觀設計 | 新形象 | 1200 |
| 7-02 | 現代都市街道景觀設計 | 新形象 | 1200 |
| 7-03 | 都市水景設計之要素與概念 | 新形象 | 1200 |
| 7-04 | 都市造景設計原理及整體概念 | 新形象 | 1200 |
| 7-05 | 最新歐洲建築設計 | 石金城 | 1500 |

## 八、廣告設計、企劃

| 代碼 | 書名 | 編著者 | 定價 |
|---|---|---|---|
| 9-02 | CI與展示 | 吳江山 | 400 |
| 9-04 | 商標與CI | 新形象 | 400 |
| 9-05 | CI視覺設計(信封名片設計) | 李天來 | 400 |
| 9-06 | CI視覺設計(DM廣告型錄)(1) | 李天來 | 450 |
| 9-07 | CI視覺設計(包裝點線面)(1) | 李天來 | 450 |
| 9-08 | CI視覺設計(DM廣告型錄)(2) | 李天來 | 450 |
| 9-09 | CI視覺設計(企業名片吊卡廣告) | 李天來 | 450 |
| 9-10 | CI視覺設計(月曆PR設計) | 李天來 | 450 |
| 9-11 | 美工設計完稿技法 | 新形象 | 450 |
| 9-12 | 商業廣告印刷設計 | 陳穎彬 | 450 |
| 9-13 | 包裝設計點線面 | 新形象 | 450 |
| 9-14 | 平面廣告設計與編排 | 新形象 | 450 |
| 9-15 | CI戰略實務 | 陳木村 |  |
| 9-16 | 被遺忘的心形象 | 陳木村 | 150 |
| 9-17 | CI經營實務 | 陳木村 | 280 |
| 9-18 | 綜藝形象100序 | 陳木村 |  |

# 創新突破 永不休止
「北星信譽推薦，必屬教學好書」

新形象出版事業有限公司・北星圖書事業股份有限公司

台北縣永和市中正路498號
電話：(02)922-9000(代表號)
FAX:(02)9229041
郵撥：05445000
郵撥：0544500-7北星圖書帳戶